KB070589

최초의 신부
김대건

나남
nanam

나남신서 1916

최초의 신부 김대건

2017년 3월 25일 발행
2017년 3월 25일 1쇄

지은이   이승하
발행자   趙相浩
발행처   (주) 나남
주소   10881 경기도 파주시 회동길 193
전화   (031) 955-4601(代)
FAX   (031) 955-4555
등록   제 1-71호(1979.5.12)
홈페이지   http://www.nanam.net
전자우편   post@nanam.net

ISBN 978-89-300-8916-6
ISBN 978-89-300-8655-4 (세트)

책값은 뒤표지에 있습니다.

나남신서 1916

최초의 신부
김대건

이승하 지음

김대건은 우리나라 최초의 신부님이다. 1821년에 충청도 당진의 솔뫼에서 태어나 1846년, 26세 젊은 나이로 순교했다. 순교자 집안에서 태어났기 때문인지 김대건은 일찍부터 믿음이 굳건했다. 열여섯 소년 시절에 신부가 될 꿈을 안고 만주와 중국을 도보로 통과하여 남으로 갔다. 멀리 홍콩 아래쪽에 있는 마카오로 가서 신학공부를 하기 위해서였다.

당시 조선에서는 천주교 신앙을 금지하고 박해했다. 선교활동을 하거나 천주교를 믿는 사람은 모두 국법을 어긴 중죄인으로 다루어 사형에 처하는 경우가 많았다. 또한 나라의 허락을 받지 않고 국경을 넘어가는 일도 엄하게 다스렸다. 김대건은 이런 어려움을 무릅쓰고 천주교가 이 땅에 뿌리내리도록 힘쓰다 붙잡혀, 머리가 잘리는 끔찍한 형을 당했다. 지금 우리 청년들의 나이로 치면 대학을 졸업할 시점에 순교한 셈이니 너무나 이른 죽음이다.

김대건의 생애는 짧았지만 모험의 연속이었다. 유학의 길을 떠나기 전에는 천주교 집안의 순둥이 학생이었으나 집을 떠나면서 파란만장한 삶의 한복판으로 뛰어들었다. 유학을 하고, 어찌하다 보니 최초의 신부가 되어 귀국해 목회활동을 조금 하다가 잡혀 순교했더라면 그의 삶은 몇 줄로 요약할 수 있을 것이다. 그러나 생애 자체가 시종일관 모험의 연속이었고 더할 수 없이 참혹한 죽음이었기에 그의 삶은 영웅 서사처럼 드라마틱하다.

한마디로 말해 김대건 신부의 생애는 험난한 가시밭길이었다. 누구도 걸어가지 않은 곳에 처음으로 길을 낸 사람의 일생이 그러하듯 김대건의 경우도 예외가 아니었다. 그러나 자신을 희생하면서 천주교 정신을 이 땅에 심었기에 우리는 그를 성인聖人으로 우러러본다. 그를 만나 본 외국인 신부들의 편지에 그려진 김대건 신부는 매사에 적극적이고 말도 잘하는 아주 밝은 성격의 인물이었다. 얌전하게 몸을 사려 자신의 안위부터 챙기는 소극적인 인물이 아니었다.

그는 국내에서 목회활동을 한 지 1년 만에 사형당해 한국 천주교회에서는 공적이 없는 것처럼 보인다. 하지만 김대건 신부는 '한 알의 밀알' 역할을 훌륭하게 해냈다. 그의 죽음 이후 조선 천주교인들은 신앙인으로서 자부심과 믿음의 지향점을 확실하게 갖게 되었다. 그의 사후 20년째인 1866년에도 병인박해로 많은 교인이 죽었지만, 김대건 신부의 죽음 이후 조선 천주교는 외국인 신부의 도움에 전적으로 의지하던 태도에서 벗어나 자력갱생의 길을 걷게 된다. 그 초석의 역할을 김대건 신부가 해냈던 것이다.

김대건 신부를 비롯해 수많은 사람의 희생이 있었기에 한국 천주교에는 하나의 이정표가 세워졌다. 그래서 교황 요한 바오로 2세는 한국 천주교 선교 200주년을 맞아 김대건 신부를 비롯해 103위 순교자를 성인으로 시성했다.

필자는 1985년 겨울, 대학 은사였던 구상具常 시인을 대부님으로 모시고 천주교 영세를 받았다. 이후 신앙심의 발로로 1987년에 '웅진위인전기' 제 18권 《김대건》을 써 출간했다. 아동용 위인동화로 썼던 그 책을 전면 보완한 것이 이번에 내는 책 《최초의 신부 김대건》이다. 신앙심이 흔들릴 때마다 "김대건 위인전기를 썼던 사람이 이러면 안 되지" 하면서 마음을 다 잡곤 했다.

대부님 살아생전에 웅진출판사에서 간행한 위인전기를 드렸더니 잘 썼다고 칭찬해 주셨다. 수업시간에 제출한 습작 시에 관해선 칭찬하지 않던 스승인지라 많이 기뻤고 한편으로 서운한 마음도 들었다. 하지만 스승의 꾸지람 덕분에 나는 시인이 되었다.

그 책을 쓰는 데 도움을 받은 책은 계몽사 판 '어린이 그림 위인전기' 제33권 《김대건》편이었다. 그 책은 아동용 위인전기여서 김대건 신부를 제대로 그리는 데는 한계가 있었다. 이 책은 전 서울대 교수이자 하버드대 초빙교수, 학술원 회원, 국사편찬위원이었던 유홍렬 선생이 쓴 《증보 한국천주교회사》를 많이 참조하여 보완했다. 이외에도 여러 종의 역사책을 찾아보면서 보완했는데 제대로 한 것인지는 모르겠다. 하늘나라에서 대부님이 환히 웃고 계실 것으로 생각하며 한 자 한 자 정성을 다해 썼다.

천주교가 이 땅에 들어온 지 233년이 되었다. 그동안 수많은 사람이 순교했다. 김대건 신부는 그중 한 사람이다. 너무 이른 나이에 세상을 떴으므로 교계에 무슨 기여를 했을까 의구심을 갖는 사람도 있겠지만 김대건 신부가 한국 천주교회의 반석과 같은 존재임을 부인할 수는 없다. 평범한 삶이 아니라 천주의 사도라는 사명을 어린 나이에 각성하고 신앙인으로서 험난한 항해를 자처한 '청년' 김대건에게 저절로 머리를 숙여졌다. 나는 수시로 흔들리는 신앙심을 그분의 전기를 정리하면서 다잡아 나갔다. 독자들이 이 책을 통해, 막연히 알았던 김대건 신부의 생애를 조금 더 자세히 알게 된다면 더 바랄 것이 없겠다.

전에도 내 글에 취해 운 적이 있다. 최익현이 애증의 50년 세월을 보낸 뒤 고종에게 시무책 5조를 올리는 212쪽에 이르러 내 감정에 도취하여 펑펑 울었다. 이번에 이 책을 쓰면서는 김대건 신부가 교우들에게 남기는 마지막 편지를 옮기면서 하염없이 울었다. 감옥에서 무릎 꿇은 채로 쓴 유서다. 한 줄 옮기고 울고 한 줄 옮기고 울고…. 스물여섯 살 청년 김대건은 그 글을 이 세상에 남기고 형장의 이슬이 되었다.

지난해에 《마지막 선비 최익현》을 내주신 나남출판의 조상호 대표님과 고승철 사장님께 다시 한 번 고개 숙여 감사드린다. 꼼꼼히 교정과 교열을 봐 주신 편집부 옥신애 님께도 감사의 인사를 드린다.

2017년 봄
이승하 프란치스코

나남신서 1916

최초의 신부
김대건

차 례

제1장

천주의 전래와
박해의 역사

천주교의 전래, 어떻게 시작되었나

1984년은 우리나라에 천주교가 들어온 지 200주년이 되는 해였다. 그해 5월, 교황 요한 바오로 2세의 역사적인 한국 방문이 있었다. 교황이 우리나라를 방문한 가장 큰 이유는 '김대건 안드레아, 정하상 바오로와 101위 동료 순교자'를 성인으로 인정하는 시성식諡聖式을 하기 위해서였다.

김대건 안드레아가 103인의 성인 중에서도 으뜸의 위치에 오른 이유는 단지 우리나라 최초의 신부神父이기 때문일까? 그분의 일생이 어떠했는가를 살펴보면 반드시 이 이유 때문만은 아님을 알 수 있다.

올해가 2017년이니 천주교 전래의 역사는 이제 233년이 되었다. 처음 전래할 무렵 우리나라는 정조正祖가 다스리고 있었다. 흔히 영·정조 시대(1724~1800)를 가리켜 조선 후기의 르네상스기라고 일컫는다. 문물이 크게 발전한 이 시기에 서학西學이라 불리던 천주교가 중국 청나라를 통해 서양의 문물과 함께 전래했다. 중국에 있던 서양 선교사들이 서양의 문물을 조선에 전했는데, 그들이 열심히 전도하는 과정에서 천주교에 처음으로 관심을 둔 이는 실학자들이었다. 실생활에 도움이 되는 학문을 연구하던 실학자들은 천주교라는 종교도 서양의 새로운 학문 중 하나로 여겼다.

그 이전, 선조宣祖 때에 이탈리아의 예수회 선교사 마테오 리치1가 지은 천주교 해설서 《천주실의》天主實義가 조선에 전해졌다. 이 책은 모두 8편, 174항목에 걸쳐 서사西士(서양학자)와 중사中士(중국학자)가 토론하는 형식으로 꾸며진 일종의 가톨릭 교리서였다. 두 사람은 서양의 스콜라 철학과 동양의 유교·불교·도교 등을 서로 설명하는데, 궁극적으로는 가톨릭의 교리와 사상이 동양의 철학이나 불교와 배치되지 않으며, 삶과 죽음의 본질적 문제에 파고들면 유사점이 많다는 것을 설명하는 내용이다.

이 책은 유교 전통사회인 중국에 가톨릭 신앙이 자연스럽게 스며들도록 했을 뿐만 아니라 중국의 고대사상과 서양의 윤리사상이 접합점이 많다는 점을 강조함으로써 중요한 문명 교류사적 가치를 지닌다. 종교상의 교리를 강변하는 내용이 아니라 유불선의 전통이 강한 중국에서 가톨릭에 대한 거부감이 사라지게 한 일종의 사상思想 안내서인 셈이다.

---

1 마테오 리치(Matteo Ricci, 1552~1610) : 예수회 중국 선교회 책임자. 중국에 27년간 체류하면서 동서 문명교류에 큰 족적을 남겼다. 여러 곳에 교회당을 건립했으며 많은 사람을 천주교인으로 개종시켰다. 그가 사망할 당시 중국의 천주교 신자는 약 2천 5백 명으로 늘어났다.

중국인 복장을 한 마테오 리치

앞서 1984년은 우리나라에 천주교가 전래된 지 200년이 된 해라고 했는데, 200년 전이란 이승훈2이 교인이 된 1784년을 말한다. 당시 이승훈은 진사시험에 합격한 뒤 셈법을 연구하던 젊은 학자였다. 그는 1783년 동지사3의 서장관 書狀官으로 떠나는 아버지를 따라 북경으로 갔다. 친척인 이벽4이 서학책

---

2 이승훈(李承薰, 1756~1801) : 한국인 최초로 영세를 받은 사람.

3 동지사 : 조선시대 전기에는 명나라, 후기에는 청나라에 보내던 사절단
  의 별칭. 겨울 동지에 보냈기에 동지사(冬至使)라고 했다. 규모도 아주
  컸고 국가적인 큰 사신행차였다.

4 이벽(李檗, 1754~1785) : 한국 천주교회를 창설한 주역. 정약전, 정약용

을 구해 달라고 부탁했기에 베이징北京에 있는 성당인 북천주당北天主堂에 찾아갔다. 40일간 그곳에 머물면서 천주교 서적을 접하고 교리를 연구했고, 선교사들로부터 필담으로 교리를 배웠다. 장 그라몽 신부5의 권유로 베이징의 주교좌主敎座 성당인 남천주당에서 영세를 받고 조선 천주교회의 주춧돌이 되라는 뜻에서 베드로(반석)라는 세례명을 받았다. 정확한 날짜는 알 수 없지만 1784년 연초였다. 한국 천주교로서는 역사적인 날이었다.

이승훈은 중국에서 돌아올 때 성경을 비롯하여 천주교에 관련된 여러 책자와 성상, 묵주 등을 가지고 왔고 하느님(천주)의 말씀을 조선인에게 전하기 시작했다. 신자의 수는 금세 늘어나 1794년에는 경상도와 황해도를 제외하고도 4천 명이 넘었다.

이승훈, 이벽 등은 수표교 부근 이벽의 집에서 교리를 공부하며 전교활동을 했고, 가을에는 이승훈이 이벽의 집에서 김

형제와 함께 천진암에 모여 학문을 연마했고 독학으로 천주교 교리를 익혀 신자가 되었다. 부친에 의해 가택 연금되었다가 사망했다.

5 장 그라몽(Jean-Joseph de Grammont, 1736~1812?) : 프랑스 예수회 출신 선교사로 중국에서 활동했다. 1755년 발표된 예수회 해산령에도 불구하고 다른 6명의 회원과 함께 포교 본부인 북당에 남았다. 1784년 북당을 찾아온 이승훈에게 세례를 베풀어 한국 최초의 영세자 탄생을 도왔다.

이승훈의 초상

범우6에게 세례를 주었다. 그해 겨울에는 정약용, 정약종, 정약전 3형제와 이벽, 이가환, 이승훈, 권일신 등 신자가 늘어나면서 이벽의 집은 좁다고 여겨졌다. 그래서 한성에 있는 좀더 넓은 김범우의 집으로 옮겨 정기적으로 모여 미사를 집전하고 교리공부를 시작했다.

조선에 천주교회가 창설된 데에는 《천주실의》가 결정적인 영향을 주었다. 하지만 일반대중이 한자로 된 이 책을 가까이

---

6 김범우(金範禹, ?~1786) : 조선 후기의 역관이자 최초의 천주교 희생자. 1785년 남인 학자들이 그의 집에 모여 예배를 보다 당국에 발각되었다. 그 일로 고문을 받고 밀양 단장으로 유배되었다가 사망했다.

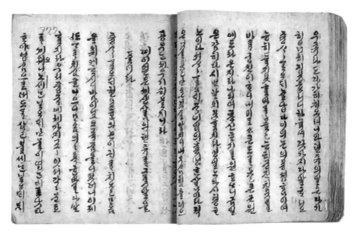

한글판 《천주실의》

하기는 쉽지 않았다. 이에 따라 한글 번역본이 많이 나왔다.
18세기 중엽 우리나라에서 널리 읽혔음은 한글 고사본古寫本이
많이 발견되는 것으로 알 수 있다.

　이 책은 실학의 선구자 이수광7이 일종의 백과사전인 《지봉
유설》芝峯類說에서 처음으로 소개했다. 그 뒤, 이익李瀷과 안정
복安鼎福 같은 실학자도 천주교에 관심을 두고 논의한 적은 있

---

7 이수광(李睟光, 1563~1628) : 조선 중기의 실학자. 주자학을 존중하면
　서도 심성의 존양(存養)에 치중하는 수양론을 학문적 중추문제로 삼은
　사상적 특징을 보여주었다.

지만, 이들이 천주교를 믿었던 것은 아니다. 그러다 정조 때에
와서 사색당파 중 남인南人 학자를 중심으로 천주교를 믿는 이
가 차츰 늘기 시작했다.

박해 뒤 신앙심은 더욱 굳어지고

오랫동안 유교를 숭상한 나라에서 천주교인이 어떻게 이렇게
금방 늘어나게 되었을까?

천주교가 조선에 전해졌을 때, 당파싸움에 희생되어 정권에
서 밀려난 남인의 유명인사와 사회적으로 신분제약이 있던 중
인계급 중 믿는 이가 많았다. 이들은 대체로 출셋길이 가로막
힌 지식인층이었다. 양반의 정실부인 자식이 아니면 벼슬길로
나가는 길이 막혀 있었으니, 첩의 자식인 서얼庶孼 중에 믿는
이도 있었다. 그 밖에 아무리 불평등한 대우를 받아도 하소연
할 곳조차 없는 천민계급과 부녀자도 특히 많이 믿어 교인의
수가 금세 늘어났다.

이들이 천주교를 믿게 된 이유는 모든 사람이 다 같이 하느
님의 아들이라는 평등사상과 누구나 하느님을 믿기만 하면 천
당에 갈 수 있다는 내세관에 크게 공감했기 때문이다. 신분차

별이 심했던 그 시대에 평등사상과 내세관은 대단히 매력적이었다. 불교는 극락왕생과 미륵사상을 근본으로 두지만 신을 믿는 종교는 아니다. 민간신앙은 받드는 신이 너무 많았다. 그런데 천주교는 유일신을 믿는 종교이며 내세를 약속함으로써 목숨까지 버리는 절대적 신앙심을 갖게 했고, 그것이 강한 전파력을 갖는 이유가 되기도 했다.

비신앙인 입장에서 볼 때 천주교를 믿는다는 것은 신분질서를 중히 여기는 양반 중심 사회에 대한 반항이자 장자 상속의 가부장적 가족제도에 대한 반항이었다. 또 유교사상이 지배하는 봉건사회에 대한 사상적 반항의 의미로 받아들이는 이도 있었다.

그럼 천주교가 들어오고 나서 한동안 왜 그토록 많은 사람이 잡혀 죽임을 당했을까? 천주교인이 참혹하게 숨진 '순교지'殉教地는 전국적으로 한두 곳이 아니다. 순교한 교인이 몇천 명인지 헤아릴 수조차 없다.

천주교 박해와 순교의 가장 큰 이유는 당시의 유교문화儒教文化와 어긋나는 부분이 있었기 때문이다. 조선 조정의 통치이념인 유교는 조상을 잘 모시고 임금을 하늘처럼 섬기는 것이 핵심사상이다. 임금에 대한 충성, 스승에 대한 존경, 부모에 대한 효도를 절대적 가치로 여겨 군사부일체君師父一體가 모든 교육의 목표였는데 천주교인 중에서 이를 어기는 사람이 나타나기 시작했다. 천주교 신자 중에 교리를 너무 철저히 믿어 조상의 사당을 헐고 제사를 지내지 않는 사람이 하나둘 생겨나더니, 교세가 확장되자 이런 사람이 점점 더 늘어나기 시작했다. 이렇게 되자 조상과 부모를 무시하는 천주교인을 엄한 벌로 다스려야 한다고 주장하는 벼슬아치가 늘어났고 그들의 목소리는 점점 더 커져 갔다.

전래 초기의 천주교가 조상 섬기는 일에 조금만 더 열린 자세를 가졌더라면 그렇게까지 크게 반발을 사지는 않았을 것이다. 하지만 당시의 사정은 이와는 또 다른 차원의 복잡한 정치적 이해타산利害打算과 얽혀 억울한 희생자가 속출했다. 청나라를 제외한 외국과의 교류를 반대하는 쇄국정책을 밀어붙인 것은 흥선대원군興宣大院君만이 아니다. 영·정조 이후 순조純祖, 헌종憲宗, 철종哲宗 모두 외국과의 통상을 금하면서 서학을 배척하는 정책을 폈고 그 여파로 많은 순교자가 나왔다.

그 당시 명동에 살던 김범우는 자기 집에 이승훈, 정약전, 정약용 등 천주교의 선각자를 모시고 예배를 보았다. 이들의 모임을 수상하게 여긴 그 동네의 형리刑吏가 형조판서에게 이 사실을 고해바쳤다. 형조판서가 이들을 모조리 잡아들여 조사해 보니 김범우를 제외하고는 양반집 자제인지라 전부 풀어 주었다. 김범우만은 중인의 신분인지라 온갖 고문을 한 뒤 충청도

김범우 집 예배 모임 상상도

단양으로 귀양을 보냈다. 김범우는 고문당할 때 입은 상처로 귀양 간 지 몇 주 만에 숨져 이 땅의 첫 번째 순교자가 되었다.

김범우에 이어 선비 윤지충尹持忠과 그의 외사촌 권상연權尙然은 목을 베어 죽이는 형벌인 참수형에 처했다. 이 두 사람의 죽음은 그 뒤에 이어지는, 수십 혹은 수백 명씩 참수형을 당하는 교난8의 출발이었다.

윤지충은 어머니가 돌아가시자 상주였는데도 제사를 지내

---

8 교난(敎難) : 종교에 대한 박해와 고난을 이르는 말. 요즈음에는 이 말을 잘 쓰지 않고 '박해'라고 표현한다.

지 않았다. 조문객도 받지 않았다. 이웃이 이를 문제 삼아 국왕에 대한 반역자라고 고발해 결국 순교자의 길을 가게 되었다. 역사적으로도 유명한 사건인 '진산사건' 혹은 '윤지충 모상 사건'의 전말은 다음과 같다.

1791년(정조 15년) 전라도 진산珍山에 사는 윤지충, 권상연은 모친상을 당한 이후 제사를 거부하여 큰 문제가 되었다. 진산군수 신사원이 윤지충과 권상연을 체포하여 공주 감영으로 압송했고 감사 정민시의 추궁에 두 사람은 신주9를 불태웠다고 자백했다. "신주 모시듯이"란 말이 있듯이 아주 조심스레 모시는 것이 신주였다.

천주교 신자였던 윤지충과 권상연은 그 당시의 교리에 따라 조상에게 제사 지내기를 거부하고 신주를 불태웠다. 전래 초기의 천주교는 고지식하게 율법을 지킨 나머지 전통사회와 잘 맞지 않았다.

정조는 이들에게 사형을 명했고 두 사람은 전주 풍남문 밖에서 참형에 처해졌다. 진산사건의 전모는 서울로 전해졌으며 정치적 파장 또한 컸다. 1791년 신해년에 일어난 이 사건을 '신해박해'라고 한다.

---

9 신주(神主) : 죽은 사람의 이름을 나무에 적어 놓은 위패.

주문모 신부의 초상

　정조는 서인을 견제하기 위해 남인을 등용했는데 정치적으로 남인에 속했던 윤지충과 권상연으로 인해 서인이 남인을 공격하는 빌미를 제공했다. 윤지충은 정약용과 외가 친척이었으며 정약용은 진산사건으로 노론의 정치공세를 받게 되었다.

　한바탕 회오리바람이 분 이후에 정조는 이 사건을 이 정도에서 끝내기로 했다. 제사를 거부한 두 사람을 본보기로 죽인 데다가 가톨릭교의 교주敎主로 지목받은 권일신權日身을 유배시키고는 박해를 더는 확대하지 않았다.

이후 주문모10라는 중국인 신부가 우리나라에 들어와 열심히 전교활동을 하여 1800년 무렵에는 이 땅 신자의 수가 1만 명을 헤아리게 되었다.

그러다 정조가 세상을 떠나 어린 순조가 왕이 되고 그의 증조할머니인 대왕대비 김 씨 정순왕후貞純王后가 정치에 간섭하게 되자(이를 '섭정'이라고 한다), 곧바로 천주교에 대한 끔찍한 박해가 시작되었다. 중국 청나라가 서학을 받아들인 이후, 하이에나 떼에게 물어뜯기는 물소처럼 힘을 잃고 무릎을 꿇는 것을 보고 '서학 = 천주교'로 간주하고 강한 거부감을 느끼게 된 것이 대외적 이유였다. 거슬러 올라가면 정순왕후는 사도세자의 죽음에 찬성하는 편에 섰는데 이것도 하나의 이유였다.

당시 천주교를 믿거나 공부하는 사람 중에는, 정순왕후를 정점으로 한 벽파辟派의 반대파인 시파時派나 남인이 많았다. 시파와 벽파는 영조英祖 때 사도세자의 폐위廢位와 사사賜死를 둘러싸고 분열된 파당이다. 지은 죄가 없는데도 무고誣告를 받아 뒤주 속에서 굶어 죽은 사도세자를 동정하는 입장이었던 시

---

10 주문모(周文謨, 1752~1801): 한국에 입국한 최초의 외국인 신부. 신유박해가 일어나자 중국으로 피신하려고 황해도 황주까지 갔다가 다시 서울로 돌아와 의금부에 출두했고 새남터에서 순교했다.

파는 대부분 남인 계통이었으며, 사도세자를 공격해 자신들의 무고를 합리화하려고 했던 벽파는 대부분 노론이었다. 그러나 노론 중에서도 시파가 있었으며 같은 친족 간에도 시파와 벽파로 나뉘는 등 사색당파는 사실상 해체되고, 붕당은 이 두 파로 나뉘어 정권을 둘러싼 대립을 계속했다.

당시 사도세자에 대한 비판과 동정도 정치의 주도권을 잡기 위한 명분이라는 성격이 강했다. 정순왕후는 순조와 헌종을 부추겨 천주교인 박해에 앞장섰는데, 그럼으로써 유학을 받드는 정치적 명분과 정적을 제거하는 실리를 함께 취할 수 있었다.

이때 우리나라에 천주교의 씨를 뿌린 이승훈과 중국인 신부 주문모를 비롯하여 3백 명이 넘는 사람이 천주교인이라는 이유로 처형당했다. 1801년에 일어난 이 사건을 '신유박해'라고 한다. 이가환李家煥 등 천주교 신앙의 선구자들이 옥사하고 정약종 등 여러 간부가 처형되었으며 정약전과 정약용 형제는 전라도 지방으로 귀양을 갔다. 그리고 왕실 종친인 은언군恩彦君과 그 부인 및 며느리 등도 천주교를 믿었다는 이유로 사약을 받고 죽었다. 정순왕후는 순조가 15세가 되던 1804년(순조 4년) 수렴청정을 거두고 편전便殿에서 물러났다가 이듬해 1월 12일 창덕궁에서 별세했다. 영조와 나이 차가 많았던 탓인지 둘 사이에는 소생이 없었다.

이 사건 뒤 을해박해, 기해박해, 병오박해, 경신박해 등이 계속해서 일어났다. 천주교가 우리나라에 들어온 이후 여러 차례 종교 박해가 있었고 그 와중에 처형된 사람의 수는 헤아릴 수조차 없다. 순교자 중에는 호적에 이름이 제대로 오르지 않은 천민도 많았기 때문에 이들은 희생자 수에 포함되지 않는다. 참고로 박해의 역사를 정리해 둔다.

신해박해(1791) 윤지충, 권상연 등 순교, 권일신 유배.

을묘박해(1795) 최인길, 윤유일, 지황 등 순교, 이승훈, 이가환, 정약용 등 유배.

정사박해(1797) 충청도 남부지역 천주교 신자를 대상으로 행해진 박해. 1백 명 이상 순교.

신유박해(1801) 주문모 신부 포함 약 3백 명 순교, 4백여 명 유배.

을해박해(1815) 경상도와 강원도 등 지방에서 수십 명의 신자가 순교.

정해박해(1827) 전라도 곡성에서 시작되어 16명 순교.

기해박해(1839) 앵베르 주교, 모방 신부, 샤스탕 신부 등 110여 명 순교.

병오박해(1846) 김대건 신부 등 9명 순교.

경신박해(1860) 포도대장 임태영이 천주교에 대한 개인적 적개심, 포졸들을 먹여 살릴 경제적 방편 등을 이유로 조정의 명령도 없이 일으킴. 순교자 미상.

병인박해(1866~1871) 다블뤼 신부 등 9명의 신부와 8천여 명(1만 명 이상으로 추정하기도 함)의 신자가 순교.

김대건 신부의 탄생지 솔뫼는 현재 성지로 꾸며졌다.

　간신히 죽음을 면한 교인들은 다시 붙잡힐 것을 두려워하여 고향을 떠나 깊은 산골에 들어가 숨어 살아야 했다. 경기도 용인의 깊은 산골에 자리한 은이·배마실·동이점골·중땀·골배 같은 작은 마을은 박해 때 충청도와 경기도에서 살아남은 사람들이 숨어들어 모여 살던 곳이다. 이들은 깊은 산속에서 옹기나 숯을 만들어 팔거나 화전민으로 살았다. 우리나라에서 최초로 신부가 된 김대건이 이런 마을에서 자란 것을 보더라도 그의 집안이 보통의 양반가에 머무르지 않고 아주 일찍부터 신앙심을 가진 집안임을 알 수 있다.

제 2 장

신부가 되기
위하여

특별한 집안의 기구한 순교 내력

김대건의 집안은 지금의 충청도 당진시 우강면 송산리에 있는 솔뫼라는 마을에 자리했다. 그의 증조할아버지 김진후金震厚는 충청도 내포에서 살았는데 이 일대에서는 유명한 양반이었고 재산도 제법 많았다. 김진후의 둘째며느리로 들어온 이 씨는 한성(서울의 옛 이름)과 양근(지금의 양평)에서 천주교 교리를 배워 먼저 김진후의 네 아들에게 전도하여 교인이 되게 했다.

김진후는 양반의 체면으로 서학 따위를 믿을 수 없다고 버텼으나 자신의 네 아들과 며느리의 행동거지를 보고 쉰 살의 나이에 입교하여 착실한 천주교인이 되었다. 그는 관직도 버리고 신앙생활에 열중하다가 윤지충이 죽은 신해박해(1791) 이후 너덧 차례나 잡혀 홍주, 전주, 공주의 감옥을 드나들었다.

그는 신유박해(1801) 때 잡혔지만 천주교를 믿지 않겠다고 서약한 덕분에 겨우 목숨을 부지하여 귀양을 갔다. 1805년, 그는 귀양에서 돌아온 지 얼마 안 되어 또다시 옥에 갇혔다. 이번에는 고을 현감의 회유를 듣지 않고 죽어도 천주교를 버릴 수 없다며 뜻을 굽히지 않았다.

사형이 선고되었지만 집행은 되지 않은 채 세월이 흘러갔다. 그리하여 김진후는 한국 천주교 역사상 가장 긴 10년 동안

김대건 신부의 탄생지 솔뫼에 세워진 김대건 신부상

형을 살다가 1814년 한겨울, 옥에서 세상을 뜨고 말았다.

김대건의 작은할아버지이자 김진후의 셋째아들인 김한현도 1816년 대구 감영에서 참수형으로 생을 마쳤다. 작은아버지의 뒤를 이어 김대건의 아버지 김제준金濟俊도 기해박해 때 순교했다.

이와 같이 집안의 여러 어른이 잡혀가고 오랫동안 옥살이를 하다 끝내 숨을 거두자 남은 식구들은 사람이 많은 곳에서는 살 수 없게 되었다. 천주교인을 대역 죄인으로 취급하던 때라 재산도 지방관리가 마음대로 빼앗아 가고 이웃 사람들도 조상을 모르는 놈이라고 손가락질을 했다. 그래서 유가족은 고향에서는 더는 살 수가 없었다. 비난하는 이웃이 늘자 살아가기가 몹시 힘들어 심산유곡으로 숨어들었던 것이다.

김진후의 둘째아들이자 대건의 할아버지인 택현은 솔뫼에서 경기도 용인 땅 깊은 산골에 자리 잡은 '골배'란 곳으로 이사했다. 사람들은 이곳을 사투리로 '골배 마실'이라 불렀다.

택현은 아들을 셋 두었다. 그중 둘째아들 제준의 가족을 데리고 갔으니 3대 다섯 식구의 이사였다. 한동네에 모여 살던 대가족이 박해 때문에 이렇게 뿔뿔이 흩어지고 말았다.

골배 마실은 지금은 골프장이 되어 있지만 그때는 천주교인이 숨어 살던 신앙촌이었다. 산비탈에 밭을 일구고 숯과 옹기를 만들어 장터에 내다 파는 것으로 생계를 꾸리느라 모두 가난했지만, 확고한 신앙심으로 마음만은 다들 부자였다. 물론 이웃 간에 인심도 아주 좋았다.

옥사하고 만 김진후의 손자인 제준이 솔뫼에서 아들 김대건을 낳은 것은 1821년 8월 21일이었다. 김제준(이냐시오)과 고우르술라 사이에서 맏아들로 태어난 김대건의 어릴 때 이름은 '재복'再福이고 족보에 오른 이름은 '지식'芝植이다. '대건'은 관명11이다.

유럽 전체를 전쟁의 소용돌이로 몰아넣었지만 한편으로는

경기도 용인 영지면 남곡리 골배 마실을 안내하는 표지판

자유주의를 전파하기도 한 나폴레옹이 숨진 해가 1821년이었다. 우리나라는 순조 21년, 콜레라가 만연한 해로 기록되어 있다.

재복은 여섯 살 때 이사를 간 골배 마실에서 할아버지에게 한학을 배웠다. 몸이 그다지 튼튼하지 못했기에 또래의 다른 아이처럼 밭일이며 나무하는 일에 나서지는 않았다. 그저 들에 나가 어른들 일을 거드는 정도였다. 동무들과 가재를 잡으며 놀기도 했지만 나이치고는 생각이 깊어 숲속에 들어가 한참씩 앉았다 나오기 일쑤였다.

놀기보다는 공부하기를 좋아했고 할아버지의 가르침을 금방 깨치는 총명함을 보여 어른들에게 귀여움을 많이 받았다. 산골

11 관명(冠名) : 관례를 치러 어른이 되고 나서 새로 지은 이름. 어릴 때 이름은 버리고 어른의 이름을 따로 쓴다.

에서 자란 아이답지 않게 살결이 희고 잘생겨 귀공자 같았다.

산골 마을이라 해가 뒷산 너머로 일찍 들어갔고 밤이 길었다. 긴 밤에 재복은 할아버지에게 《천자문》을 배웠다. 여덟 살에 시작한 한학공부는 《소학》과 《논어》를 거쳐 《맹자》로 이어졌다.

이런 책뿐만 아니라 재복은 《성교요리》聖教要理라는 교리책도 열심히 읽었다. 가톨릭의 교리를 문답식으로 풀이한 책으로, 필사본이 전해진다.[12]

《칠극》七極[13] 같은 책도 열심히 배웠다. 일찍부터 한글로 번역되어 많은 사람이 읽었고 사람들이 천주교를 믿는 데 적지 않은 역할을 한 책이다. 한글 필사본은 절두산 순교박물관에

---

12 한글본은 로벨리(Lobelli, A., 陸安德) 신부의 한문본을 번역한 것이다. 역자는 미상. 필사본에 1876년 5월 13일 자로 블랑(Blanc Jean Marie Gustave, 白圭三) 주교의 서명이 있고 블랑의 조선 입국일자가 1876년 5월 5일인 점으로 미루어 볼 때 번역시기는 그 이전이었으리라 여겨진다.

13 스페인 예수회 신부 판토하(Pantoja, D., 龐迪我)가 지은 가톨릭 수덕서 (修德書)로 '칠극대전'(七克大全)의 약칭인 이 책은 남인 학자들이 연구·검토했다. 칠극이란 겸극오(謙克傲, 겸허한 마음으로 오만함을 극복함), 인극투(仁克妬, 사랑으로 시기와 질투를 극복함), 인극노(忍克努, 인내심으로 분노를 극복함), 정극음(貞克淫, 정숙함으로 음욕을 극복함), 사극인 (捨克吝, 베푸는 마음으로 인색함을 극복함), 담극도(淡克盜, 맑은 생활로 탐욕을 극복함), 근극태(勤克怠, 부지런함으로 게으름을 극복함)이다.

《칠극》의 속표지

소장되어 있다.

재복은 《십이단》과 《교리문답》 같은 책도 술술 외울 정도였다. 온 집안 식구가 신자였으니 보고 듣고 느끼는 것이 다 천주교와 관련된 것들이었고, 대화 중에도 자연스럽게 교리를 이해하고 성경 내용을 체득할 수 있었다. 이렇듯 재복은 어릴 때부터 몸가짐이 바르고 신앙심이 깊은 소년으로 성장했다.

재복이 열네 살 되던 해의 가을이다. 하루는 아버지가 저녁을 먹은 뒤에 달구경을 하러 나가자는 것이었다. 아버지와 아들은 뒷산 중턱에 있던 큰 바위에 가 앉았다. 보름달이 환한 얼굴로 이들을 내려다보았다.

"재복아, 여기 좀 앉았다 가자."

"네, 아버님."

"너 요즘 공부를 너무 열심히 하는 게 아니냐? 친구들과 어울려 놀기도 해야지."

"노는 것도 좋지만 저는 공부가 더 재미있는걸요."

"그래, 배우는 데에는 끝이 없다. 한데 재복아, 네 증조할아버지가 어떻게 돌아가셨는지는 아느냐?"

"네, 할아버지도 말씀해주셨고 어머니도 한번 말씀해주신 적이 있어요. 을축년(1805)에 포졸들한테 잡혀가 오래 고생하시면서도 천주님을 계속해서 믿겠다고 하셔서 해미의 옥에서 돌아가셨다고 알고 있어요. 우리가 그래서 이곳으로 이사를 오게 되었고요."

"음, 잘 알고 있구나. 네 작은할아버지에 관해서도 알고 있느냐?"

재복은 아버지와 이렇게 대화를 나눠 본 적이 별로 없어서 아버지와 함께 있는 자리가 어색했지만 기분은 좋았다. 아버지가 이제는 자신을 어린애로 취급하지 않는다는 것이 느껴졌기 때문이다.

재복은 온 가족이 뿔뿔이 흩어진 뒤 작은할아버지에 대한 소식은 들은 적이 없었다.

"작은할아버님은 안동으로 가셨다지요? 제가 아는 것은 그것뿐인데 ⋯."

말끝을 흐리며 흘끗 쳐다본 아버지의 얼굴에는 깊은 시름이 드리워져 있었다.

　"안동에서 천주교를 믿는 게 드러나 그만 감옥에 갇히셨어. 천주교를 믿지 않으면 살려주겠다고 하는 말을 듣고서도 그 어른은 아무 두려움 없이 죽음을 택하셨단다."

　집안에 두 사람이나 순교자가 있다는 사실을 알게 된 순간이었다. 하느님의 이름을 증거하는 데에는 대단한 용기가 필요하다는 것을 깨닫는 순간이기도 했다. 알 수 없는 두려움과 하느님을 믿는 자랑스러움이 어린 재복의 가슴에 한꺼번에 몰려왔다.

　"그다음에는 대구 감옥으로 옮겨가 그곳에서도 갖은 고초를 다 당하시다가 돌아가셨단다."

　"어떻게 돌아가셨습니까?"

　"망나니의 칼질이 몹시 서툴러 목을 칼로 내려쳐도 잘리지 않았어. 열 번 만에야 겨우 목이 끊어지셨단다. 얼마나 참혹한 죽음이냐."

　이 말을 하는 동안 아버지의 눈에서 눈물이 주르르 흘러내렸다. 재복의 눈에도 눈물이 글썽거렸다.

　이날 이렇게 함께 눈물을 흘린 아버지와 아들이 똑같이 참수형을 당해 세상을 떠나게 될 것을 하느님은 알고 계셨을까?

신부가 되겠느냐?

1831년, 로마 교황청은 조선 정부가 아무리 천주교를 탄압해도 교인의 수가 계속 늘어나자 이에 고무되어 조선교구를 따로 창설하기로 했다.

프랑스인 브뤼기에르 신부14는 조선교구의 초대 주교로 정해졌다. 하지만 그는 우리나라로 오는 도중 몽골에서 병(뇌내출혈)이 나 그만 죽고 말았다. 그래서 역시 프랑스인 모방 신부15가 그의 뒤를 이어 1836년 1월경에 조선의 수도인 한성으로 왔다.

모방 신부는 파리 외방전교회16 소속으로, 조선교구가 독

---

14 브뤼기에르(Bruguière Barthélemy, 1792~1835) 신부는 우리나라와 인연을 맺지 못했다.

15 모방(Pierre-Philibert Maubant, 1803~1839) : 브뤼기에르 주교가 병으로 선종하자 혼자 삿갓에 상복 차림을 하고 1836년 1월 12일 조신철, 정하상 등의 인도로 압록강을 건너 입국했다. 파리 외방전교회의 일원으로서 최초로 조선 땅을 밟은 사람이다. 선교활동을 열심히 하다가 기해박해 때 서울로 압송되어 여러 차례 신문과 고문을 받고 앵베르 주교와 샤스탕 신부와 같이 9월 21일 새남터에서 순교했다.

16 외방전교회(外邦傳敎會) : 아시아지역 포교를 위해 1653년 프랑스에서 창립된 가톨릭 전도단체. 일본과 조선에서 많은 순교자가 나왔는데 대다수가 이곳에서 파견한 신부였다.

모방 신부의 동판 초상

립되자 서양 선교사로서는 처음으로 우리나라에 온 사람이다.
그는 한성에 들어온 뒤 성을 우리나라 사람의 성인 나羅 씨로
고쳤다. 모방 신부는 한국어를 배울 겨를도 없이 한성과 지방
을 오가며 교인들에게 성사聖事를 베풀어 주었다. 날이 지날수
록 말도 조금씩 배워 한국문화에 적응을 잘해 나갔다.

재복의 아버지 김제준은 골배 마실의 회장직을 맡아 이따금
한성을 오가며 교회 일에 헌신했다. 그는 모방 신부를 찾아가
간청했다.

"저희 골배 마실은 사람도 적고 교통도 많이 불편합니다. 이

웃 마을인 은이 마을은 동네가 크니까 신부님이 와 계시기에 좀 낫지 않겠습니까? 미사 보러 오는 사람들의 편의도 생각하시고요. 저희가 거처를 마련해 보겠습니다."

그런데 이 말을 한마디라도 이해시키기가 쉽지 않았다. 손짓 발짓에 필담까지 곁들여도 한참 시간이 걸렸다. 김제준은 프랑스어를 몰랐고 모방 신부는 한국어를 모르니 의사소통에 근본적 한계가 있었다. 한문과 중국어를 조금 아는 정도인 모방 신부는 천주교의 앞날을 위해 조선인 신부가 반드시 필요하다는 생각이 자꾸만 들었다.

모방 신부는 천주교를 믿지 못하게 하는 조선의 사정으로 보아 앞으로 외국인 신부가 이 나라에 들어와 전교하기란 매우 어려울 것임을 느꼈다. 그래서 한성에서건 지방에서건 똑똑하고 신앙심 깊은 소년을 찾아내어 외국에 보내 신부수업을 받게 하면 어떨까 하고 생각했다.

은이 마을 사람들은 외국인 신부를 맞이하기 위해 마치 잔칫날처럼 바쁘게 움직였다. 마을에서 가장 큰 집을 정해 청소를 하고 여러 가지 음식도 장만했다. 교인은 모두 깨끗한 옷으로 갈아입고 모방 신부를 맞을 채비를 했다.

모방 신부 일행이 경기도 용인의 깊은 산골에 자리 잡은 은이 마을 어귀에 이른 것은 그해 4월이었다. 모방 신부는 자신

은이 성지 가는 길을 안내하는 표지석

의 신분을 포졸들에게 들키지 않으려고 삼베 두루마기를 입고 방갓을 눌러썼다.

재복의 아버지가 앞에 나서서 모방 신부에게 인사하자 그도 방갓을 벗고 우리식으로 고개를 숙여 인사했다.

"안녕하십니까? 먼 길에 고생이 많으셨습니다. 어서 안으로 드시지요."

모방 신부는 빙그레 웃었지만 인사말을 하지 않았다. 안 한 것이 아니라 못한 것이다. 한국어를 전혀 모르는 모방 신부는

서울대교구 절두산
순교자박물관에 있는
유진길과 유대철 부자 성화

함께 내려온 유진길17이란 사람에게 서툰 중국어로 이것저것 물어보며 고개를 끄덕였다. 유진길은 통역을 하는 사람이었다. 집안이 대대로 통역관을 했고 조선에 신부를 보내줄 것을 간청하는 편지를 로마 교황에게 썼던 사람이다.

모방 신부는 조금 아는 한문 실력으로 주로 붓으로 글씨를

---

17 유진길(劉進吉, 1791~1839) : 역관. 성직자 영입운동을 전개하던 정하
상을 만나 역관의 신분을 이용해 북경교회와의 연락 및 성직자 영입운동
을 전개했다. 1824년 동지사의 수석 역관으로 베이징에 가서 영세를 받고
북경교회와의 연락을 담당했고, 1826년 교황에게 성직자 파견을 간청하
는 편지를 북경주교에게 전달하는 등 여덟 번 북경을 왕래하며 조선교회
의 상황을 북경교회에 알렸다. 그 결과, 1831년 조선교구가 설정되었다.
기해박해 때 서소문 밖 형장에서 참수형을 받고 순교했다.

써서 의사를 전했다. 이러한 답답함이 가중되자 더더욱 조선인 신부가 나오기를 바랐다.

모방 신부는 은이 마을에서 교인이 되려는 사람에게 세례를 주는 일을 주로 했다. 큰 집 마당이 세례를 주는 장소로 정해져 이웃 마을 사람들까지 모여들었다. 자신을 이 마을로 초청한 김제준의 아들 재복에게 세례를 준 모방 신부는 소년의 침착한 태도와 단정한 용모에 마음이 끌렸다.

'생각이 깊은 아이 같다. 이 소년이면 되지 않을까?'

모방 신부는 통역을 통해 재복에게 한문을 아느냐고 물었다.

"네, 할아버지와 아버지에게 배워 읽고 쓸 줄은 압니다."

모방 신부는 기특하다고 생각하며 시험해 볼 양으로 천주교 교리에 관해 붓글씨로 이것저것 질문을 던졌다. 그런데 이게 웬일인가. 열여섯이란 나이에 어울리지 않게 소년이 천주교에 관해 깊은 지식이 있음을 안 모방 신부는 눈을 휘둥그렇게 떴다. 놀랍고 기특하여 모방 신부는 몇 가지를 더 물어보았다.

"왜 지금까지 세례를 받지 않았느냐?"

"제 공부가 많이 부족했습니다. 그리고 외국에서 신부님이 오신다는 소문을 듣고 언젠가 한성에 가서라도 그분께 직접 받을 작정으로 미루고 있었습니다."

"그래, 참 영리한 아이로구나. 교명은 무엇으로 할지 생각해 둔 거라도 있느냐?"

"안드레아로 하겠습니다. 순교하신 제 작은할아버지의 교명이 안드레아셨습니다."

이 말을 들은 모방 신부의 눈이 더욱 커졌다.

'그런 생각을 다 하다니 참으로 기특하구나.'

그는 마당 뒤쪽에 서 있는 재복의 아버지와 눈이 마주치자 고개를 크게 끄덕였다. 아들 하나 참 잘 두었다는 칭찬의 뜻이었다.

재복의 대답이 있자 유진길은 그 집안의 내력을 간단하게 소개했다. 모방 신부의 얼굴에 처음에는 미소가, 그다음에는 환한 웃음이 번졌다.

모방 신부가 유진길에게 무엇이라고 말하자 유 통역관은 다음과 같이 옮겼다.

"혹시 신부가 되는 공부를 해볼 생각이 없느냐?"

이 말을 들은 재복과 아버지는 깜짝 놀랐다. 신부가 되는 공부를 한다는 것은 외국에 나가 아주 여러 해 살아야 한다는 뜻이었다. 동시에 집안에서 또 한 명의 순교자가 나올 수 있다는 뜻이기도 했다.

재복은 아버지를 돌아보았다. 아버지는 아들의 시선을 애써 피했다. 신부가 아무리 영광된 자리라 해도 하나뿐인 아들에게 죽음의 길로 나서라고 권할 수는 없었다.

"부모님과 의논을 한 뒤 말씀드리겠습니다."

그날의 세례식은 이 일로 조금 늦어졌지만 별 탈 없이 끝났다. 하느님의 대리자인 신부님께 받는 세례인지라 이 일대 마을 사람들은 마냥 뿌듯하기만 했다.

그날 밤, 재복의 집에서는 가족회의가 열렸다. 목숨을 걸고 신부의 길을 갈 것인가, 계속 이 산골에 숨어 살 것인가 결단을 내릴 순간이 온 것이다.

"아버님, 어머님. 허락해 주십시오. 신부가 되는 공부를 꼭 하고 싶습니다."

재복의 부모님은 아무 대답도 할 수 없었다. 벼슬길에는 못 오르더라도 농사지으며 밥이나 굶지 않고 살아가기를 바랐던 재복의 부모로서는 솔직히 자식이 성직자의 길로, 즉 가시밭 길로 가는 것을 말리고 싶었다.

"할아버지, 과거를 볼 것도 아닌데 이 산골에서 제가 한학공 부만 하면 무슨 소용이 있겠습니까? 꼭 신부가 되어 돌아오겠습니다."

재복의 결심이 확고하다는 것을 안 할아버지도 안쓰러운 눈길로 손자를 바라볼 뿐 가지 말라는 말은 차마 할 수가 없었다.

재복은 모방 신부를 찾아갔다. 마침 모방 신부는 일이 생겨 한성으로 갈 채비를 하고 있었다. 재복은 머리를 조아리며 간청했다.

"공부해 보겠습니다, 신부님."

"공부를 해 신부가 되면 장차 무엇을 할 것인가?"

"천주님의 말씀을 이 나라 사람들에게 전하는 일에 온 정성을 다하겠습니다."

"이번에 내가 가면 한동안 여기엔 못 내려올 것 같구나. 연락을 반드시 줄 터이니 기다리도록 해라."

모방 신부는 다시 연락을 주겠노라고 약속하고는 흡족한 마음으로 은이 마을을 떠났다.

재복이 몇 날 며칠을 기다려도 한성으로 올라오라는 전갈은 오지 않았다. 모방 신부는 재복의 허약해 보이는 몸이 자꾸 마음에 걸려 망설였다.

그때 모방 신부는 이미 과천 공소회장 최경환^{崔京煥}의 아들 최양업^{崔良業}(토마)과 충청도 홍주 다랫골에 사는 최한지의 아들 최방제^{崔方濟}(프란치스코)를 선발해 자신의 은신처에서 라틴어를 가르치고 있었다. 그는 둘보다는 셋이서 공부하는 것이 더 효과적이겠다고 판단했고 재복의 총명함이 아까워 보름쯤 지난 후 인편으로 편지를 보냈다. 편지의 내용은 대강 다음과 같았다.

여러 날 고민하고서 결심했습니다. 김재복 안드레아를 신학교에 보내는 것이 이 나라 복음사업을 위해 꼭 필요하다고 봅니다. 안드레아를 빨리 한성으로 보내 주십시오.

이제 더 망설일 이유가 없었다. 재복은 부모님과 할아버지께 작별인사를 했다.

"너무 심려치 마십시오. 가서 공부 잘하고 돌아오겠습니다."

어머니가 눈물을 훔치자 할아버지도 코를 훌쩍 들이마셨다.

"천주님이 저를 쓰시고자 하시니 영광의 길로 가는 거라 여기십시오."

나이답지 않게 분명하고도 씩씩하게 말했다. 재복은 괴나리봇짐을 둘러메고 한성 땅으로 향했다. 1836년 7월이었다. 우리 나이로 치면 열다섯, 중학교 2학년 정도밖에 되지 않았지만 한성으로 가는 길에는 부푼 기대가 뭉게구름처럼 피어올랐다.

모방 신부는 두 사람에게 재복을 소개하면서 이렇게 말했다.

"도마는 2월에 여기로 왔고 프란치스코는 3월에 왔단다. 그동안 이 둘은 중국어와 라틴어를 좀 배웠지. 그러나 안드레아는 이제 시작이다. 너희 둘이 안드레아를 도와 빨리 실력을 끌어올려 주기 바란다."

한성에서의 일과는 세 소년이 감당하기 힘들 정도로 빠듯했다. 유학을 떠나기 위한 기초교육을 짧은 기간에 마쳐야 했기 때문이다.

우선 아침 일찍 일어나 교리공부와 묵상을 했다. 오전에는 59개의 해당화 열매를 꿴 구슬을 헤아리며 묵주의 기도를 했고 점심을 먹은 후 한 시간쯤 휴식, 오후에는 한문으로 된 성경을 읽고 번역했다.

그다음에는 우리글과 한문, 라틴어공부를 했다. 저녁식사 전에는 그날 공부한 것을 신부님께 말씀드려야 했다. 저녁식사 후에는 토론을 통해 복습하고 중국어를 공부했으며 9시가 되어서야 잠자리에 들었다.

두 사람보다 늦게 공부를 시작한지라 재복은 정말 눈코 뜰 새 없는 나날을 보냈다. 공부가 힘들다고 여겨질 때마다 인자하신 부모님과 할아버지의 자상한 음성이 그리웠다. 골배 마실의 동무들 얼굴도 떠오르고 경치 좋은 마을 풍경도 눈앞에 어른거렸다. 다 그만두고 고향으로 달려가고 싶을 때도 있었지만 재복은 타고난 성실함과 참을성으로 이러한 고비를 넘겼다.

대륙과 바다와 산과 강을 넘어

열심히 공부하는 동안 가을이 다 지나가고 서리가 내리는 초겨울이 왔다. 세 소년이 유학을 떠날 날이 다가오고 있었다.

예정된 때는 12월 초순이었다. 국경을 넘으려면 얼어붙은 압록강을 건너야 했는데 국경지방의 겨울은 몹시 추워 12월 초순이면 강이 꽁꽁 얼어붙었다.

모방 신부는 국경 근처의 중국 땅에서 조선에 들어오기를 기다리는 프랑스인 샤스탕 신부18에게 이들을 보내기로 마음먹었다. 샤스탕 신부가 이들에게 적합한 신학교를 추천하여 보내 줄 것을 알았기 때문이다.

세 소년을 안내할 사람이 정해졌다. 모두 천주교 신자로서 지도자급 자리에 있는 정하상,19 현석문玄錫文, 조신철趙信喆, 이광렬 등이었다. 세 소년을 샤스탕 신부에게 무사히 안내하

---

18 샤스탕(Jacques Honoré Chastan, 1803~1839) : 모방 신부에 이어 두 번째로 입국한 서양인 선교사로서 기해박해 때 모방, 앵베르 주교와 함께 순교했다.

19 정하상(丁夏祥, 1795~1839) : 정약종의 둘째아들이며 정약용의 조카로서 한국교회 평신도 지도자의 한 사람. 기해박해 때 가족과 함께 체포되어 고문을 받은 뒤 처형되었다.

변문(진) 가는 길 표지판

는 것 외에 샤스탕 신부를 모시고 비밀리에 조선으로 숨어들어
와야 하는 것까지가 이들의 임무였다.

　모두 8명의 일행이 한데 몰려가면 눈에 잘 뜨일까 봐 두 패
로 나누어 중국 국경 근처에 있는 변문진邊門鎭(줄여서 변문이라
고도 한다)으로 떠난 것이 1836년 12월 3일이었다. 이때 최방
제의 나이 열일곱, 최양업과 김재복의 나이 열여섯이었다.

　포졸들의 감시망을 용케 빠져나와 압록강에 다다르자 온 천
지가 눈으로 덮여 있었다. 국경 수비대가 그곳을 지켰다. 사신
일행이 아닌 한 국경을 넘을 수 없는 시대였고, 더군다나 천주
교인의 국경 왕래는 더욱 엄격히 금하던 때였다.

　다행히 일행 중 정하상과 조신철 두 사람은 중국에 다녀온

샤스탕 신부의 동판 초상

일이 있어 국경 부근의 지리를 잘 알았다. 때마침 강도 얼어 국
경을 넘는 일은 그다지 어렵지 않았다. 국경을 넘어서자마자
일행은 미리 준비한 청나라 옷으로 갈아입었다.

이들이 변문 근처에 있는 중국인 천주교 신도의 집에 도착한
것은 추위가 절정에 이른 12월 28일 저녁이었다. 샤스탕 신부
가 머물던 이 집은 중국의 천주교인과 조선의 천주교인이 만나
서로 소식을 주고받는 비밀장소였다.

샤스탕 신부와 조선인 천주교인 8명의 만남은 피부색과 언
어가 다름에도 불구하고 감격스러웠다. 조선인으로서는 목숨

을 건 여행이었다. 조선에 들어가려는 샤스탕 신부도 목숨을
건 선교활동을 눈앞에 두고 있었다.

"마카오가 어떨까 하오."

모방 신부의 편지를 읽은 샤스탕 신부는 세 소년을 마카오로
보내야겠다고 말했다. 마카오에는 프랑스 외방전교회에 소속
된 신부들이 있어서 세 소년이 신학을 공부할 길을 마련해 줄
수 있으리라는 기대감이 있었기 때문이다. 문제는 마카오가
넓고 넓은 중국 대륙의 남쪽 끝에 있다는 점이었다. 여행길이
너무 먼 것은 물론이거니와 길 안내자도 구해야 했고 여비도
마련해야 했다. 한두 명이 아닌 데다 차비와 식비, 여관비를
대충 셈해 보아도 만만치 않았다.

샤스탕 신부는 여러 날 팔방으로 수소문하여 중국인 교우 안
내자를 찾아내고 소년들에게 줄 여비를 모았다. 세 소년과 정하
상 등은 샤스탕 신부의 따뜻한 배려가 그저 고마울 따름이었다.

샤스탕 신부의 노력으로 안내할 사람과 돈이 모두 마련되자
신부는 로마 교황청 포교성 직속의 마카오 경리부經理部에 전할
소개장을 써 주었다.

세 소년은 그동안 동행했던 다섯 명의 조선인 어른과 샤스탕
신부에게 작별인사를 올렸다. 그리고 청나라 옷과 방한모를
선물로 준 중국인 교우에게도 인사를 드렸다. 이들 세 나라 사

람들의 마음을 하나로 묶는 끈은 바로 하느님의 사랑과 하느님에 대한 믿음이었다.

막연한 불안이 엄습했지만 매번 기도할 때마다 하느님의 가호를 빌면서 이들은 길을 떠나고 또 떠났다. 두 명의 중국인 길 안내자에게 중국어도 틈틈이 배우고 중국의 생활풍습도 익히면서 거대한 중국 대륙을 북에서 남으로 종단했다.

이들이 출발한 때는 한겨울이었다. 세 소년은 눈보라가 몰아치는 만주 벌판을 말없이 걷고 또 걸었다. 발바닥이 부르트고 귀가 얼기도 했다. 몸이 약한 재복이었지만 다리가 아파도 아프다는 말을 할 수 없었다. 여기서 더 못 걷겠다고 말한들 조선으로 데려다줄 사람도 없었다. 그저 뒤처지지 않으려 이를 악물고 걷고 또 걸을 뿐이었다.

마른 흙먼지가 싸락눈에 섞여 귓전을 때리는 저녁때였다. 중국 북쪽의 큰 도시 베이징에 닿은 것은 출발한 지 한 달이 거의 다 되어서였다. '기진맥진'이라는 말 그대로 말 한마디 할 힘이 없었다.

'이승훈이란 분이 일찍이 이곳 천주교 회당을 찾아가 세례를 받고 신자가 되셨지. 그분의 노고와 희생 덕분에 우리가 여기까지 오게 된 것이 아닐까.'

세 소년은 모범적인 신앙인이었던 이승훈을 떠올리며 힘을

냈다. 베이징 천주교 회당에서 며칠 쉬면서 여행의 피로를 푼 이들은 주교가 주는 여비까지 받아 한결 가뿐해진 몸과 마음으로 다시 길을 떠났다.

이들은 또 하나의 대도시 톈진天津을 지나고 황허黃河라는 강도 건넜다. 황허는 바다처럼 넓은 강이었다. 이 큰 강이 흘러 황해黃海로 이어지고 그 바닷길을 통해 고국 조선에도 갈 수 있음을 알게 되자 부모님 생각이 더욱 간절해졌다.

'아버님, 어머님 그리고 할아버님, 제 걱정 많이 하고 계시지요? 저는 멀고 먼 길을 걷는 동안 오히려 몸이 일꾼보다 더 튼튼해졌습니다. 마카오에 닿으면 정말 열심히 공부해서 훌륭한 신부가 되겠습니다. 그것이 부모님의 은혜에 보답하는 길이고 천주님의 사랑에 보답하는 길이라 믿습니다.'

재복은 그저 마음으로만 편지를 쓸 수밖에 없었다.

몇 날 며칠 계속해서 걸었다. 청나라 음식도 어느덧 입에 맞아 아무거나 잘 먹었고 아무 데서나 내 집처럼 편히 눈 붙이고 잘 수 있었다. 한참을 걸어가자 또 하나의 큰 강이 나타났다. 양쯔揚子 강이었다. 강을 건너니 베이징과는 풍물이 전혀 다른 큰 도시가 나타났다. 바로 난징南京이었다.

계절은 그사이 봄을 지나 여름의 문턱에 다다랐다. 남국의 아름다운 꽃만큼이나 아름다운 아가씨도 눈에 많이 띄었다.

나이로야 어느새 사춘기였지만 연분홍 꿈에 잠기기에는 이들의 어깨에 매달린 임무가 너무 무거웠다. 신부가 된다는 것, 조선에 복음을 전해야 한다는 것, 그러기 위해서는 마카오에 무사히 도착해야 한다는 것. 이것 외에 다른 데 눈을 돌릴 여유가 없었다.

우리나라 사람 중 이렇게 긴 도보여행을 한 사람이 흔치 않던 시절에 먹는 것 입는 것 등 생활풍습이 생소한 나라에서 이들이 겪은 하나하나의 일과는 상상만으로도 그 고달픔을 추측할 수 있다. 봉천, 산해관, 베이징, 톈진, 난징, 광둥을 거쳐 마카오에 이르는 여정에 관해서는 여러분의 상상력에 맡긴다.

제 3 장

멀고도 먼
마카오에서
공부하다

마카오의 세 신학생 중 한 학생이 죽다

세 소년이 마카오에 도착한 것은 1837년 6월 7일, 만주 변문을 떠난 지 대략 6개월, 한성을 떠난 지는 7개월이 되었을 때다. 드넓은 중국 대륙을 종단하는 여행을 한 세 소년은 새까맣고 깡마른 체구였지만 두 다리는 군인만큼이나 튼튼해졌다. 이들은 그동안 중국 청나라에 관해 견문을 제법 넓혔을 뿐 아니라 중국어도 웬만큼 익혔으니 그야말로 산 공부를 한 셈이었다.

마카오는 동아시아 여러 나라를 향한 로마 가톨릭교회 포교의 거점이었다. 어떻게 된 일일까? 왜 마카오에 프랑스 신부들이 있었던 것일까?

마카오는 포르투갈이 개척한 곳이다. 명나라가 왜구를 토벌할 때 포르투갈이 명나라에 협력한 대가로 영구 거주권을 인정받은 땅이 마카오다. 명나라를 이은 청나라 시대에도 중국의 해관海關이 마카오에 설치되었는데 포르투갈인에게 거주 이전의 자유가 주어졌다. 다시 말해 포르투갈인이 자유롭게 가서 살 수 있는 동양의 도시였고, 이것을 계기로 프랑스 선교사도 마카오에 진출했다. 마카오는 금, 은, 도자기, 아편 등의 중개무역과 가톨릭 포교의 기지로 번영했다.

이들이 도착하자마자 마카오 경리부의 프랑스 신부들은 진심으로 환영해 주었다. 여기서는 책임자인 리부아 신부 외에 르그레주아, 메스트르, 칼레리, 데플레슈 신부 등이 선교활동을 하고 있었다.

샤스탕 신부의 편지를 읽은 르그레주아 신부는 조선의 세 소년을 다른 곳으로 보내지 않고 마카오에서 공부시키기로 마음먹었다.

이들을 처음 보낸 모방 신부의 생각은 마카오의 신부들이 주선해서 필리핀의 마닐라나 싱가포르, 또는 말레이시아 페낭의 신학교로 보내주었으면 하는 것이었다. 그런데 마카오의 신부들은 세 소년을 중국 바깥으로 다시 여행시키기가 너무 안쓰럽다고 여겼다. 또 자신들이 세 소년을 충분히 공부시킬 수 있었으므로 이들을 데리고 있기로 결정을 내렸다.

르그레주아 신부는 길 안내를 위해 먼 길을 같이 걸어온 중국인 교인 두 사람이 돌아가는 편에 편지를 전했다. 조선의 모방 신부에게 보내는 편지였다.

신부님이 보내주신 세 학생은 무척 영특해 보입니다. 이들을 페낭이나 마닐라의 신학교에 보내는 것은 적절하지 않다고 판단됩니다. 그쪽 말도 2, 3년 새로 배워야 하고 이들을 책임지고 돌볼 사람도 마땅히 없습니다. 그래서 여기서 공부하도록 조처하겠습니다. 칼레리 신부님을 교장 신부로, 데플레슈 신부님을 교수 신부로 위촉했습니다.

세 소년은 우선 라틴어부터 집중적으로 배웠다. 라틴어 기초를 다진 뒤에는 수학, 지리, 역사, 음악 등 여러 학문을 폭넓게 공부했다.

함께 학업을 계속하는 동안 세 소년의 성격이 뚜렷이 드러났다. 최방제는 이들 중 맏이답게 침착하고 말이 없는 편이었고 최양업은 상냥하고 온순한 편이었다. 김재복은 이들과는 달리 성격이 밝고 붙임성이 좋아 점차 지도자적 인품을 나타냈다.

마카오에서 공부를 시작하고부터 재복은 자신의 이름을 '대건'으로 고쳤다. 재복이라는 이름은 복이 거듭된다는 평범한 뜻이라 영 마음에 들지 않았다. 장차 조선교회를 크게 일으켜 세울 인물이 되겠다는 뜻에서 어릴 때의 이름을 버리고 '大建'이라는 이름으로 스스로 관명을 지었다.

공부가 본격적인 궤도에 오를 때쯤인 1837년 8월, 마카오에 민란이 일어났다. 청나라 사람들이 외국인을 심심치 않게 공격하자 경리부에서는 위험을 느껴 부득이 마닐라로 피난을 가기로 했다.

마카오에서 필리핀 마닐라까지의 뱃길은 제법 멀었다. 황허

김대건이 마카오 유학 당시 다닌 신학교가 있던 성안토니오 성당 전경

와 양쯔 강을 건넌 일도 있었지만 마카오에서 마닐라까지 가는 긴 바다여행 도중에 세 소년은 많은 생각을 했다.

'바다 물결을 계속 따라가면 조선에 가닿을 텐데 …. 언제쯤 공부를 끝내고 신부가 되어 조선 땅에서 복음을 전할 수 있을까? 고국에 있는 교우들은 다들 무고하신지 ….'

배 갑판에 나가 수평선을 하염없이 바라보며 상념에 잠겨 보곤 했다.

피난 중에도 수련은 계속되었다. 세상의 소용돌이에 휩쓸릴 겨를이 없었다고 할까, 정신이 없었다고 할까. 다른 지역에서는 신부가 되려면 정규학교를 몇 해 동안 다녀야 가능했지만, 이들은 몇 명 신부에게서 일종의 과외지도로 그 과정을 마쳐야 했기에 한눈팔 겨를도 정신도 없었다. 매일 빠듯한 일과대로 소정의 교육과정 내용을 배우고 익힐 따름이었다.

겨울이 되어 난리가 가라앉자 이들은 다시 마카오로 돌아왔다. 여러 날 배를 타고 가서 그곳 생활에 적응하느라 공부에는 조금 지장이 있었지만 큰 바다를 여행한 것은 좋은 경험이었다.

세 학생의 학습은 계획대로 진행되어 눈에 띌 만한 성과가 나타났다. 특히, 김대건은 외국어 학습능력이 뛰어나 라틴어는 성경을 해독할 정도가 되었고 중국어와 프랑스어 회화도 어느 정도 할 수 있게 되어 4개 국어를 구사하는 실력을 갖추어 갔다. 르그레주아 신부는 이들을 보내 준 모방 신부에게 다시 편지를 썼다.

조선의 세 소년은 참으로 영특합니다. 그뿐만 아니라 훌륭한 사제가 갖춰야 할 조건인 신앙심, 겸손함, 학구열, 그리고 스승에 대한 존경심까지 갖추었으니 나무랄 데가 없습니다.

그런데 마카오에 온 지 1년 반이 되었을 무렵, 맏형인 최방제가 병으로 앓아누웠다. 겨울이 없는 마카오 지방에서는 학질이 자주 유행했는데 최방제가 이 병에 걸린 것이다.

한 번 걸린 병은 점점 깊어만 가더니 11월에 들어서자 더욱 위독해졌다. 최양업과 김대건은 공부도 제쳐놓고 그를 간호했다. 스승 신부들도 좋다는 약을 구해 와 먹이며 정성껏 돌보았다.

"형님, 정신 좀 차려 보세요."

"형님, 공부도 아직 안 끝났고 할 일도 전혀 못했는데 이렇게 누워 있어서야 되겠소?"

"동생들을 두고 내가 천주님 곁으로 먼저 가게 되었구려. 열심히 해서 꼭 훌륭한 사제가 되도록 하시오."

두 사람은 안타까운 마음으로 열심히 기도했지만 기도의 보람도 없이 최방제는 이역만리 타향에서 눈을 감고 말았다. 1838년 11월 26일이었다. 이제 넓디넓은 마카오 땅에 조선 사람이라고는 김대건과 최양업 단둘만 남았다.

'큰 뜻을 품고 멀고 먼 타국에 와서 서로 의지하며 정답게 공부하다가 홀로 하늘나라로 가 버리다니 ….'

남은 두 사람의 가슴은 슬픔으로 찢어지는 듯했다. 장례식을 치르고 공부방에 돌아온 두 사람은 서로 부둥켜안고 통곡했다. 1836년 7월에 처음으로 만나 한시도 떨어지지 않고 동고동락한 세 사람 중 한 사람이 숨지니 남은 두 사람은 부모 형제를 잃은 것보다 더 큰 슬픔을 느꼈다. 두 사람의 울음소리를 듣는

마카오의 까모에스 공원에 있는 김대건 신부 동상

스승 신부들의 탄식까지 더해져 마카오의 밤하늘을 더욱 어둡게 했다.

1839년 4월 6일, 마카오에서 또다시 민란이 일어났다. 살인, 약탈, 방화, 총격 …. 외국인에 대한 원주민의 감정이 좋을 리 없었으므로 신부들과 두 조선인 학생은 또다시 마닐라행 배에 몸을 실었다.

마닐라에 머무르는 동안 교장 신부의 책임을 진 칼레리 신부는 두 사람에게 공부를 충실히 시키지 못하는 것이 큰 걱정이었다. 필리핀의 수도 마닐라는 시끌벅적한 도시라 학업 분위기가 조성되지 않았다.

그래서 칼레리 신부는 마닐라에 한 달쯤 머무르면서 공부방을 수소문했다. 그러다가 마닐라에서 12킬로미터가량 떨어진 롤롬베이 섬에 도미니코 수도원이 공부하기에 적합하다는 사실을 알았다. 두 조선인 학생에 대한 프랑스인 신부들의 배려는 이처럼 자상하고 섬세했다.

일곱 시간이나 배를 타고 찾아간 도미니코 수도원은 아주 조용하여 심신을 수련하기에 안성맞춤이었다. 다음은 이때의 사정을 기록한 스승 신부의 편지 중 일부다.

여기는 마닐라보다 좋습니다. 누구 하나 소란한 사람이 없고 우리

끼리만 있어 원하는 대로 공부할 수 있습니다. 그러나 큰놈 안드레아는 가끔 배앓이를 하고 허리가 아프다고 합니다. 데플레슈 신부는 조선 학생들을 가르치고 남는 시간에는 중국어와 조선어를 연구하십니다.

롤롬베이에 머무르던 8월에 김대건은 고국의 사정을 알리는 편지를 한 통 받는다. 이 편지는 1837년 늦은 가을에 쓴 것으로, 베이징으로 오는 조선 사신 일행에 낀 한 교인을 통해 베이징 천주교회에 맨 처음 전해졌다. 그 이후 마카오로, 마카오에서 다시 필리핀의 마닐라로, 마닐라에서 다시 롤롬베이로 계속 전달된 것이다.

이 편지는 4천 킬로미터가 넘는 대륙을 거치고 바다를 건너오느라 도착하는 데 거의 1년이 걸렸다. 우편제도가 확실히 정착되기 전이라 이 사람에게서 저 사람에게로 전달되었으니 거의 기적적으로 접할 수 있게 된 고국의 소식이었다.

편지 내용은 다행히 좋은 소식을 전하고 있었다. 조선인 유학생들을 위해 물심양면으로 애써 주신 샤스탕 신부가 조선으로 무사히 들어갔다는 소식과 조선에서 활약하는 두 외국인 신부 덕분에 신자 수가 1만 명으로 늘어났다는 소식이 깨알처럼 적혀 있었다.

두 사람은 편지를 읽고 뛸 듯이 기뻐했다.

'우리도 빨리 조선으로 돌아가 천주님의 진리를 애타게 찾는 우리 형제들을 위해 복음을 전해야 할 텐데 … . 아아, 사랑하는 내 조국의 형제들이여! 보고 싶은 부모, 친척들이여!'

이역만리에서 1839년에야 이 편지를 읽은 두 조선인 학생의 기쁨은 두말할 나위가 없었지만, 조선에서는 이 무렵 엄청난 비극이 시작되고 있었다. 이 해는 기해박해가 일어난 해로 3년에 걸쳐 3백 명 이상이 순교했다. 이 박해로 김대건에게 세례를 베풀어 준 모방 신부, 중국 변문에서 마카오까지 갈 수 있도록 여비와 안내자를 마련해 준 샤스탕 신부, 교황 대리로 조선교구에 파견된 앵베르 주교[20]가 목숨을 잃었다.

이들의 유해는 1843년(헌종 9년)에 박 바오로 등이 발굴하여 과천 서쪽 봉우리인 삼성산三聖山 북쪽 끝자락의 박씨 선산에 안장되었다. 박 바오로는 그 이장경로 그리고 유해를 안장한

---

[20] 앵베르(Laurent Marie Joseph Imbert, 1796~1839) : 조선교구 제 2대 교구장. 조선교회의 초대 교구장인 브뤼기에르 주교가 조선 입국을 앞두고 갑자기 선종하자 로마 교황청은 제 2대 교구장으로 중국 쓰촨 성에서 전교 중이던 앵베르 신부를 임명했다. 모방, 샤스탕 신부와 함께 한강 새남터에서 순교했는데 이때 나이 44세로 조선에 입국한 지 불과 2년만이었다.

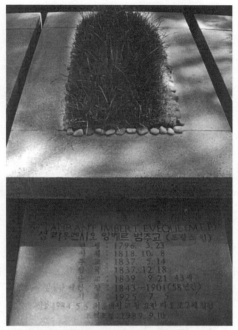

앵베르 주교의 묘소(위)와 묘비(아래)

장소를 아들 박순집朴順集에게 자세히 알려 주었고, 박순집은 훗날 기해·병오박해 순교자에 대한 시복수속이 진행되자 이러한 사실을 교구에 보고했다. 시복 판사로 활동하던 푸아넬V. L. Poisnel, 朴道行 신부가 1886년(고종 23년)경에 이들의 무덤임을 확인했다. 1901년 10월 21일 이들의 유해가 발굴되어 용산 예수성심 신학교로 옮겨졌다가 같은 해 11월 2일 다시 명동 성당 지하묘지로 옮겨졌다.

1970년 봄, 대방동 본당 주임 오기선吳基先 신부는 최석우崔奭祐 신부 등의 도움을 받아 삼성산에 있는 원래의 무덤 자리를 찾은 뒤, 같은 해 5월 12일 그 자리에 '삼성산 순교성지 기념비'를 건립, 김수환金壽煥 추기경과 노기남盧基南 대주교, 박순집의 후손 등이 참석한 가운데 축복식을 열었다. 또한 1989년에는 서울 대교구와 신림동 본당에서 무덤자리 일대의 임야 약 1만 6천 평을 확보한 뒤 세 성인의 무덤을 조성했다. 명동 성당 지하묘지에 남아 있던 유해 일부를 가져와 무덤 안에 안치하고 제대祭臺 등을 설치했고, 교황 대사 이반 디아스Ivan Dias 대주교 등이 와서 축복식을 거행했다.

중국 변문까지 길 안내를 했던 정하상과 조신철, 김대건을 모방 신부에게 소개했던 통역관 유진길도 이때 갖은 고문을 당한 뒤 새남터에서 목이 잘려 순교했다.

IMBERT   MAUBANT   CHASTAN
主教   神父   神父
范世亨   羅伯多祿   鄭牙各伯

님들의 피로서 증거한 복음과 함께
님들의 자취도 이 땅에 영원 하오리
敕浄 具常

삼성산에 있는 앵베르 주교,
모방 신부, 샤스탕 신부의 묘
소에 있는 비석. 시인 구상이
헌시를 썼다.

성 모방 베드로(좌)   -1839년 9월 21일 새남터에서 순교.
성 앵베르 라우렌시오(중) -1839년 9월 21일 새남터에서 순교.
성 샤스탕 야고보(우) -1839년 9월 21일 새남터에서 순교.
St. Maubant Pierre(Left) -Beheaded at Saenam'o on september 21, 1839.
St. Imbert Laurent(Middle) -Beheaded at Saenam'o on september 21, 1839.
St. Chastan Jacques(Right) -Beheaded at Saenam'o on september 21, 1839.

같은 날 새남터에서 순교한
신부 세 명의 초상

한성과 경기도 일대가 통곡과 비명으로 뒤덮인 이 박해 때 김대건의 아버지 김제준도 목숨을 잃었다. 이로써 한 집안에서 3대에 걸쳐 순교자가 나왔다. 김대건의 어머니는 목숨만 건져 이곳저곳 떠돌아다니며 밥을 얻어먹는 거지가 되었다. 최양업의 부모도 이때 목숨을 잃고 말았다. 하지만 먼 이역異域에서 공부하는 유학생들은 국내의 이런 사정을 알 턱이 없었다.

두 유학생은 난이 가라앉은 마카오로 1839년 11월에 다시 돌아와 1842년 초까지 공부에만 몰두했다. 1840년에는 라틴어 공부를 끝마쳤고 그다음 해부터는 신학과 철학을 공부하기 시작했다.

신학과 철학은 장차 조선교구의 4대 주교가 되는 베르뇌 신부와 조선에 들어가 전교활동을 펼 메스트르 신부로부터 배웠다. 이로써 천주교 성직자가 되기 위한 공부가 본격적으로 시작되었다.

어느덧 세월은 흘러 조국의 산천을 떠나온 지도 6년이 되었다. 두 사람의 나이도 이제 스무 살이 넘었다. 신부가 되는 데 필요한 학업은 이제 교리신학과 윤리신학 두 과목만 남았다.

두 과목이 남기는 했지만 이들은 이미 신부가 될 자격이 충분했다. 서당 개 3년이면 풍월을 읊는다는데 6년 동안 열심히 신부가 될 공부만 했으니 이들의 실력이야 차고 넘치지 않았겠

는가. 스물네 살이 되어야 신부서품을 받을 수 있었으므로 이
제 이들에게 필요한 것은 시간이 흘러가 주는 일이었다.

'차라리 고국에 돌아가 신자를 위해 활동하다가 나이가 차면
베이징 같은 데 가서 신부서품을 받는 게 어떨까?'

이런 생각이 들었다. 조선에서는 천주교인에 대한 엄청난
박해 이후 국경을 봉쇄했고 베이징에서도 그 참상을 몰랐기 때
문에 두 사람은 이런 희망을 품었다.

워낙 끔찍했던 박해였고 김대건 신부와 관련이 큰 탄압이었
으므로 기해박해에 관해서는 보충설명이 필요하다. 다음은
《한국민족문화대백과사전》의 내용을 압축·정리한 것이다.

끔찍한 기해박해의 소용돌이

기해박해란 기해년인 1839년(헌종 5년)에 일어난 천주교 박해
로, 기해사옥己亥邪獄이라고도 한다. 1839년 3월 사학토치령邪
學討治令에 의해 시작되어 그해 10월까지 계속되었다. 신유박해
와 마찬가지로 천주교를 배척하기 위한 것이었으나 이면적으
로는 시파인 안동 김씨의 세도를 빼앗으려는 벽파의 풍양 조씨
가 일으킨 것으로도 볼 수 있다.

앞서도 말했지만 대왕대비 김 씨(정순왕후)는 순조의 계증조모繼曾祖母이며 벽파에 속했다. 1802년 안동 김씨로 시파에 속했던 김조순金祖淳의 딸이 순조의 비가 되자, 이후 36년간에 걸친 안동 김씨의 세도정치가 행해지게 되었다. 순조는 1827년 2월 28일에 아들 효명세자에게 정사를 대신 맡겼다. 그런데 효명세자의 장인은 조만영趙萬永이었고 당시 어영대장의 자리에 있었다.

조만영이 아우 조인영趙寅永과 은연중 세력을 펴기 시작하자 이미 세도를 잡고 있던 안동 김씨와 이에 도전하려는 풍양 조씨와의 세력 다툼이 서서히 일어났다. 시파인 안동 김씨는 천주교를 싫어하는 벽파와는 달리 관용적이어서 헌종 초기에는 천주교를 탄압하지 않았다. 순조의 비인 순원왕후純元王后의 아버지 김조순이 1832년에 죽고 2년 뒤 순조가 붕어崩御하자 헌종이 8세의 나이로 왕위에 올랐다. 그러자 이번에는 왕실의 최고 지위에 있던 순원왕후가 수렴청정하게 되었다.

이러한 정사를 적극적으로 보필한 사람은 대왕대비의 오빠인 김유근金逌根이다. 김유근은 1836년부터 얻은 병으로 말조차 못하다가 유진길의 권유로 1839년 5월에 세례까지 받고 천주교에 관대한 정책을 썼다. 때마침 김유근이 정계에서 은퇴하자 정권은 천주교를 적대시하던 우의정 이지연李止淵에게 넘어갔다.

천주교인을 체포하는 일은 사건 1년 전부터 시작되었다. 당시의 형조판서 조병현趙秉鉉은 가능한 한 그들의 목숨을 구하고자 배교背敎를 권했으나 효과가 없었다. 조병현으로부터 그간의 사정을 보고받은 이지연은 1839년 3월 입궐하여 천주교는 사교邪敎이니 뿌리를 뽑아야 한다는 정책 건의서를 올렸다. 천주교인은 부모님과 임금을 도무지 섬기려 하지 않는 '무부무군'無父無君의 무리이니 '역적'으로 간주해 엄벌해야 한다는 내용이었다.

이 건의서가 받아들여지자 서울과 지방에 오가작통법21을 세워 주민들이 서로서로 감시하게 만들었다. 하지만 보름이 지나도 천주교인이 잡히지 않자 사헌부에 있던 정기화鄭琦和는 지도자급 인사를 잡지 못하면 천주교를 근절하지 못한다는 요지의 상소문을 올렸다.

형조판서의 3월 20일 자 보고에 따르면 포도청에서 형조로 이송된 천주교인은 43명인데 그중 15명이 배교하여 석방되었고, 28일에는 나머지 중에 11명이 배교했고 이어서 또 5명이 배교했다. 그러나 남명혁南明赫·박희순朴喜順 등 9명은 끝내

---

21 오가작통법(五家作統法): 조선시대에 범죄자의 색출과 세금징수, 부역의 동원 따위를 위하여 다섯 민호(民戶)를 한 통씩 묶던 호적제도로 헌종 때에는 천주교를 탄압하는 데 이용했다.

배교하지 않고 사형을 당했다. 그 뒤 5월 25일에 대왕대비의 이름으로 교인 체포에 온 힘을 다하라는 새로운 칙령이 반포되었으나 별로 진전이 없었다.

오가작통법의 적용은 서울에서마저 유명무실했다. 그러나 고자질쟁이는 어디에나 있는 법, 김유근이 죽고 나자 김순성金淳性이라는 자의 고자질로 유진길·정하상·조신철 등 조선 천주교 포교의 중요 인물이자 서양 선교사의 측근 인물이 잇따라 잡힌다.

유진길의 체포령은 이미 내려져 있었으나 당상역관이라는 정3품의 벼슬에다가 대왕대비의 오빠 김유근과의 친분도 알려져 감히 손을 대지 못하다가, 김유근이 병사하자 즉시 체포되었다. 한편 4월 22일 수원으로 피신했던 앵베르 주교도 양감陽甘이라는 동리에 안전하게 숨었지만 교인 출신 배신자의 고발로 체포를 당할 상황이 되자 7월 3일 자현22하여 자신이 한 일을 모두 자백하고 만다. 자신 때문에 조선인 희생자가 나오는

---

22 자현(自現): 그 당시 포도청에서는 교인을 고문하면서 '누가 어디에 있느냐'고 묻는 것이 다반사였다. 그래서 신부나 교인이 스스로 나타나면 고문을 당하는 이의 고통이 덜어진다는 생각에서 숨지 않고 모습을 드러내는 경우가 있었다. 죄인이 스스로 나타나 죄인임을 밝히는 자수와 다르므로 자현이라고 했다.

앵베르 주교의 동판 초상

것을 원하지 않았던 것이다.

　우의정 이지연은 이 사건을 의금부가 취급해 달라고 요청하는 동시에 서양인 3명 가운데 2명은 현재 남도^{南道}로 갔다 하니 즉시 포도대장을 보내야 한다고 주장했다. 이를 받아들인 대왕대비는 국청23을 차리는 것은 시급하지 않으니 우선 포도청이 형벌로 신문함으로써 철저히 조사한 뒤 포도대장을 남도로 보내는 것이 급선무라고 지시했다.

---

23 국청(鞫廳): 역적 같은 중죄인을 심문하기 위해 특별히 설치한 자리. 엄한 체벌이 행해진다.

모방과 샤스탕 두 서양인 신부의 체포가 지연되자 조정에서
는 7월 13일 종래의 오가작통법을 충청도에 엄격히 적용하라
는 훈령을 내렸다. 앵베르 주교는 교인이 고초를 당하는 것을
보고 자현하는 것이 교인들의 재난을 그치게 하는 길이라고 생
각해 두 신부에게 쪽지를 보내어 다른 신자에게 피해가 안 가
게끔 자현하라고 권고했다.

두 신부는 7월 29일 서울에서 파견된 손계창孫啓昌에게 충청
도 홍주洪州에서 자현하여 서울로 압송되었다. 모방과 샤스탕
두 신부가 서울로 압송되자 포도청에서는 3명의 선교사를 8월
5일과 7일 양일에 걸쳐 심문했다. 8월 7일, 3명의 선교사는 의
금부로 이송되어 그들의 안내자로 알려진 유진길·정하상·조
신철 등과 함께 추국24을 받게 되었다.

이때 선교사들은 각각 자신의 국적과 입국목적을 명백히 밝
혔다. 그러나 입국 때 의주에서부터 조신철과 정하상의 인도
를 받았으며 서울에 들어와 정하상의 집에 거처했다는 사실만
을 자백하고 그 밖의 물음에는 일절 입을 열지 않았다. 이에 대
왕대비는 이제 와서 진상을 밝힐 단서도 없으니 신유년(1801)
주문모周文謨의 예를 들어 모두 군문軍門으로 출두시켜 효수경

---

24 추국(推鞠) : 의금부에서 왕명에 의해 중죄인을 심문하는 일.

중25하라고 했다.

이렇게 하여 3명의 프랑스인 선교사는 효수의 극형을 당하게 된다. 한편, 8월 8일 유진길은 의금부 추국에서, 천주교에는 선교사가 없어서는 안 되기 때문에 이들을 조선으로 데려왔으며 그것은 어디까지나 교회와 관련한 일에 그치므로 역모逆謀라 할 수 없고, 모든 것은 교회법을 따르는 절차였다고 주장했다. 그러나 조정에서는 이를 받아들이지 않고 정하상과 유진길에게 반역죄로 참형 선고를 내렸다.

조신철은 선교사들이 잡혀 오기 전에 이미 포도청의 문초에서 자기가 서양인 3명을 인도했음을 자복自服했는데 선교사가 모두 잡혀 오자 네 차례에 걸쳐 추국을 받았다. 그리고 8월 14일, 의금부에서 형조로 이송된 뒤 참형 선고를 받았다. 이보다 앞서 6월 10일에는 이광렬李光烈과 여자 교인 7명이 서소문 밖에서, 7월 26일에는 박후재朴厚載 외 여자 교인 5명이 같은 장소에서 참형되었다.

이지연의 후임으로 조인영이 우의정이 되자 박해는 더욱 심해졌다. 조인영은 효수나 참형 같은 공개처형 건수가 너무 많

---

25 효수경중(梟首警衆) : 죄인의 목을 사람 다니는 길에 높이 매달아 대중에게 경계하게 함.

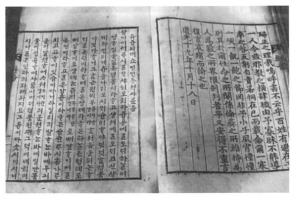

기해박해 당시 천주교 배척의 이유를 설명한
정부 발행의 책자 《척사윤음》

아지면 백성들이 공포에 떨 것을 염려하여 서울의 옥중 교인은
감옥 내 일정한 장소에서 비밀리에 교수형에 처하도록 명했다.

그리고 조정에서는 10월 18일에 박해의 종말을 알리고 조인
영이 작성한 《척사윤음》斥邪綸音을 대왕대비의 이름으로 서울
과 지방에 돌리게 했다. 조정에서는 남은 옥중 교인의 사형집
행을 서둘렀다. 11월 24일에는 최창흡崔昌洽 외 6명의 여자 교
인이 참형되었다.

이렇게 많은 사람이 하느님을 믿고 천주교를 믿었다는 이유
로 교수형을 받았다. 박해를 끝맺으려는 의도에서 12월 27일
과 28일 양일에 걸쳐 박종원朴宗源·이문우李文祐 등 10명을 마

지막으로 참형에 처했다.

이와 같이 전개된 기해박해는 그 어느 박해보다도 전국적이었다. 교인이라면 누구를 막론하고 추적되었고 비록 투옥을 면한 사람일지라도 집과 살림살이와 논밭을 버리고 피신해야만 했다. 그 뒤 박해는 강원도·전라도·경상도·충청도 등지에 골고루 미쳤으나 가장 박해가 심하고 많은 순교자를 배출한 곳은 경기도와 서울지역이었다.

당시의 기록인 《긔히일긔》에 따르면, 참수되어 순교한 사람이 54명이고 그 밖에 옥에서 목이 잘리거나 매를 맞아 죽거나 병들어 죽은 사람이 또한 60여 명이나 된다고 했다. 한때 배교했던 사람이 다시 배교를 철회하여 순교한 사람도 적지 않았지만 배교하여 석방된 사람도 40~50명이었다.

기해박해는 신유박해와 마찬가지로 가혹한 방법으로 천주교를 근절하려 한 대학살이었다. 그러나 그 박해의 배경에는 정치적 원인에 종교적 편견이 곁들여 있었다. 박해자들은 천주교인과 남인 시파 타도를 함께 노렸다. 다시 말해 종교를 가식적으로 의탁한 정치적 보복이었다. 기해박해로 이제까지 세도가였던 안동 김씨가 몰락하고 풍양 조씨가 이를 대신하는 현상이 나타났다. 이로써 조씨의 세도정치는 1849년 헌종이 승하하고 철종이 들어설 때까지 계속되었다.

군함에 오르다

김대건과 최양업 두 신학생이 프랑스 군함을 타고 마카오를 떠
난 사연을 이야기하려면 아편전쟁에 대한 이해가 필요하다.

인도를 식민지로 만들어 막대한 부를 이룬 영국은 이에 만족
하지 않고 이번에는 중국과 무역하기 시작했다. 18세기 중엽
이후 중국과 영국의 무역은 삼각무역으로서 영국의 모직물을
인도에, 인도의 면화와 면직물을 중국에, 중국의 차와 견직물
을 영국에 보내는 것이었다.

처음에는 차와 비단, 도자기 등 영국이 수입하는 물건이 많
아 막대한 양의 은이 중국으로 흘러들었다. 이 수입초과를 보
충하기 위하여 영국은 인도의 아편을 수입해 중국에 수출하기
시작했다. 이것이 뒷날 아편전쟁의 직접 화근이 된 아편무역
의 시초다.

아편의 수입량이 해가 갈수록 급격히 늘어나자 이번에는 중
국의 은이 거꾸로 영국으로 흘러나가고 아편중독자가 계속해
서 늘어나 국민건강을 위태롭게 했다. 그래서 청나라의 선종宣
宗은 아편무역 금지령을 내리고 무역이 행해지는 광둥에 임칙
서林則徐를 파견해 아편을 불태웠다.

영국은 무역조건을 개선하기 위해 청나라와 전쟁을 벌일 각

아편전쟁 상상화

오를 하고 있던 참이라 마침 잘 되었다 하고는 전쟁을 일으켜 청나라를 굴복시켰다. 이 전쟁이 아편전쟁이고 전쟁의 결과로 맺은 조약이 난징조약이다.

이 조약으로 홍콩이 영국에 넘어가고 상하이 등 5개 항구가 개항하며 영국의 치외법권治外法權이 인정되었다. 치외법권이 란 중국에 있는 영국인이 중국의 법에 복종하는 것이 면제되는 것으로, 특히 재판권이 면제되어 영국인은 어떤 죄를 지어도 중국 경찰의 조사를 받지 않았다. 이는 중국(청나라)이 영국에 대해 종속적 지위로 떨어졌음을 의미한다.

이때부터 중국은 유럽 열강의 반식민지半植民地 상태로 줄달

음쳤다. 엄청난 면적과 인구를 가진 중국이 속 빈 강정임이 밝혀졌고 어느새 아시아의 맹주에서 종이호랑이로 전락하고 말았다.

프랑스는 유럽 역사상 늘 영국과 맞선 나라다. 백년전쟁도 영국과 프랑스 간의 전쟁이었고 워털루전투도 프랑스의 나폴레옹과 영국의 웰링턴이 맞붙은 유명한 일전이었다. 두 나라는 식민지 쟁탈전을 아프리카에서도 벌였고 북미 대륙에서도 전개하는 등 수 세기에 걸쳐 세계 곳곳에서 대립한 앙숙이다.

영국이 인도를 삼키더니 중국 대륙까지 손바닥 위에 놓고 마음대로 다루는 것을 본 프랑스의 황제 루이필리프는 뒤늦게 동양에 관심을 두었다. 그래서 프랑스는 두 척의 군함을 마카오에 파견했다. 마카오에서 동태를 살피다 조선으로 들어가 조선이라도 식민지로 삼았으면 좋겠다는 것이 루이필리프의 생각이었다.

결과를 미리 말하자면 프랑스, 영국, 러시아, 독일 등이 조선과 통상조약을 맺지만 결국 조선을 완전히 지배하는 패권은 일본이 차지한다. 운요호 사건(1875)에서 을사늑약(1905)에 이르는 일본의 조선 식민지화 공작은 졸저 《마지막 선비 최익현》을 참고해 주면 고맙겠다.

이러한 이유로 1842년 2월에 프랑스 군함 두 척이 마카오에

《마지막 선비 최익현》 표지

들렀다. 한 척은 지휘선 에리곤호, 다른 한 척은 보조함 파보르트호였다. 에리곤호의 함장은 장바티스트 세실 제독이었고 파보르트호의 함장은 바즈였다.

세실 제독은 처음에는 프랑스 선교사가 들어가 활동하는 조선이라는 나라에 가서 조약을 맺자고 요구할 심산이었다. 당시 조선은 헌종이 다스릴 때라 아직은 쇄국정책을 펴기 전이었지만, 전국 각지에서 민란이 일어나 몹시 어지럽던 시기였다.

세실 제독은 조선의 문호개방을 요구하려면 먼저 통역관이 필요하다고 판단했다. 그래서 군함을 마카오 항구에 정박해 놓고 선교회의 리부아 신부를 찾아갔다.

"프랑스어를 할 줄 아는 조선인 신학생이 있다는 소문을 듣고 왔습니다. 조선까지 가려는데 동행할 수 있겠습니까?"

리부아 신부는 김대건과 최양업을 세실 제독에게 소개했다. 세실 제독은 두 젊은이가 학식도 풍부하고 프랑스어도 웬만큼 하는 것을 보고 대단히 기뻐했다.

김대건과 최양업의 기쁨도 컸다. 걸어서 반년 만에 마카오에 도착했는데 안전한 군함을 타고 고국으로 돌아간다니 이 얼마나 다행스러운 일인가.

김대건과 메스트르 신부는 세실 제독을 따라 에리곤호에 오르고 최양업과 브뤼니에르 신부는 바즈 함장을 따라 파보르트호에 오르기로 했다. 리부아 신부는 배에 오르기 전에 두 사람을 불러 당부의 말을 했다.

"천주님의 은총으로 예상보다 일찍 조선으로 돌아가게 된 것을 축하하오. 이번에 조선 정부와 교섭이 잘 된다면 그곳에 있는 우리 선교사들이 활동의 자유를 약속받을 수 있을 것이오. 아무쪼록 잘 처신하여 세실 제독이나 바즈 함장의 마음에 들도록 애써 주시오."

두 사람은 참으로 기쁘고 감격스러웠다. 꿈에 그리던 조국으로 돌아가게 되었다는 감격으로 가슴이 쿵쾅쿵쾅 뛰었다. 김대건은 기도를 올렸다.

'천주님! 은총 베풀어 주심에 감사드립니다. 제 이 목숨이 다하는 날까지 복음을 전하겠습니다.'

두 척의 군함이 마카오를 떠난 것은 1842년 2월 15일이었다. 1차 행선지는 마닐라였다. 함대는 마닐라와 타이완을 거쳐 6월 27일에는 영국의 점령지인 저우산Zhoushan, 舟山 시에 도착했다.

거기서 다시 세실 제독은 난징으로 갔다. 난징 시가지는 몇 해 전에 들렀을 때와 별다를 바가 없었는데 마침 영국과 청나라 간에 강화회의講和會議가 열리고 있었다.

광둥에서 난징까지 파죽지세로 진격하여 눈앞에 당도한 영국군의 위협에 매우 놀란 청나라가 강화를 청한 것이다. 바로 난징조약이 체결되는 순간이었다.

이 역사적 순간의 역사적 장소 근처에 김대건이 머무른 것이다. 후에 랴오둥遼東에서 르그레주아 신부에게 보낸 김대건의 편지 한 대목을 인용해 본다.

저우산에서 약 2개월 동안 지내다 영국 군대가 난징을 점령할 목적으로 출발하기에 그들을 따라 4일간 양쯔 강의 선객이 되었습니다. (중략) 천자는 이 조약을 체결하기 위하여 벼슬아치 대관 네 사람을 지정했으며 8월 29일 회의를 마치고 조약에 조인했습니다. (중략) 세실 제독은 자기 사관 뒤피에와 감독 피스, 저와 사공약 20명을 데리고 16일 동안 여행한 후, 강화조약이 조인되는 날 난징에 도착하여 조인식에 참여하고 앞의 네 벼슬아치와 회견했습니다.

이 편지를 보면, 김대건이 난징조약이 맺어지는 현장에는 직접 참석하지 않은 듯하나 세실 제독과 청나라 벼슬아치와의 회견장소에는 참석했음을 알 수 있다. 이 자리에서 김대건은 통역관 역할을 톡톡히 했을 것이다.

그런데 이 회견 후 세실 제독은 양쯔 강 어귀의 군함으로 되돌아가서 갑자기 조선 방문계획을 취소한다고 발표했다. 영국과 청나라 간에 강화조약이 체결되는 것을 보고는 조선에 가서 협상할 준비가 안 되었다는 구실로 뱃머리를 마닐라로 돌리기로 한 것이다.

당시 세실 제독의 마음을 헤아리기란 쉬운 일이 아니다. 영국이 그랬듯 개항 등 문호개방의 요구는 원주민에 대한 무자비한 살상행위를 통해서만 가능한 것임을 깨닫고 양심이 허락하지 않아 조선행을 취소했을까? 거대한 중국에 비해 조선이라는 나라는 소국이고 별다른 실익을 볼 수 없을 것 같아 지레 포기했을까?

'이 큰 중국 대륙을 영국이 차지할 모양이다. 중국의 성 한 개에 지나지 않는 조선과 통상해 본들 우리에게 무슨 도움이 될까. 조선은 후진국이라 가져갈 것도 별로 없겠지.'

아마도 난징조약을 체결하는 영국에게 선수를 빼앗겨 실망한 것이 가장 큰 이유였을 듯하다. 분명한 것은 두 조선인 학생이 더는 배에 탈 이유가 없어져 버렸다는 점이다.

김대건과 최양업은 메스트르, 브뤼니에르 신부와 함께 배에서 내릴 수밖에 없었다. 한껏 부풀어 올랐던 고국으로 돌아간다는 꿈이 하루아침에 물거품이 되자 김대건의 실망은 이만저만이 아니었다.

아버지의 참수형 소식을 듣다

1842년 9월 16일, 조선인 신학생 둘과 프랑스 신부 둘은 잔뜩 실망한 채 배에서 내려 상하이의 주교 댁에 머물렀다. 하지만 여기에 오래 머무를 수는 없었다. 이들은 랴오둥 반도로 가는 교우의 배를 얻어 탔다. 랴오둥 해안에 상륙한 이들은 우선 교인들이 모여 사는 마을인 바이자뎬白家店으로 갔다. 거기서 조선으로 들어갈 기회를 엿보기로 했다.

이 마을에서 김대건은 만주교구의 베롤 주교가 정탐차 변문에 파견했던 중국인 교우로부터 조선에서 일어난 박해소식을 들었다. 외국인 신부 3명과 예전에 도움을 받았던 통역관 유진길 등이 참수형을 당하고 약 3백 명이 화를 입었다는, 확인해 볼 길 없는 소식을 들은 것이다.

이 불길한 소식에 충격을 받은 김대건은 더 자세한 소식을 알기 위해 메스트르 신부와 함께 국경을 넘어 조선으로 급히 들어가려 했으나 베롤 주교의 판단은 달랐다.

"이렇게 시국이 흉흉한 터에 들어갔다가 잡히면 곧바로 처형당할 겁니다. 일단 사태를 지켜보도록 합시다."

"아, 그렇군요. 김대건, 최양업 두 사람이 조선에 들어가자마자 잡혀서 봉변을 당하면 큰일이지요. 상황을 지켜보는 게 좋겠습니다."

그래서 조선 입국은 일단 늦춰졌다. 하지만 이들 모두 조선에서 3백 명이나 되는 사람이 죽었다고 하므로 궁금증을 억누를 수 없어 중국인 길 안내자와 함께 국경에 있는 변문에 가보기로 했다.

이들이 변문에서 20리쯤 떨어진 곳까지 왔을 때 마침 큰 행렬을 지어 가는 조선의 사신을 만났다. 김대건의 가슴은 기쁨으로 세차게 뛰었다. 천주교인의 국경통과가 금지였을 때인지라 사신행렬 속에는 항상 교인이 한두 명 끼어들어 중국과 내왕하고 있었기 때문이다.

김대건은 행렬이 쉬고 있을 때 사람을 찾으러 왔다고 말하며 사람들 사이를 돌아다니다 성호를 긋는 한 사람을 보게 되었다. 그에게 이름을 물으면서 접근했으나 그는 "나는 김가요"라고만 대답하고 더는 말대꾸를 하지 않았다. 사람들이 주변에 있어서 눈치를 보는 것 같았다.

김대건은 휴식을 끝내고 일어나 다시 사신행렬에 들어가 발걸음을 옮기는 그의 뒷모습을 보다가 이 기회를 놓쳐서는 안되겠다고 결심하고는 뒤를 쫓았다. 김대건은 그의 팔을 붙잡고는 머뭇거리지 않고 물었다.

"댁은 교우가 틀림없지요?"

그는 그제야 응대했다.

"예, 맞습니다."

"세례명이 뭐요?"

"프란치스코요."

"나는 김 안드레아요."

이야기를 나누고 보니 서로가 알 만한 사이였다. 김대건은 이 교우로부터 비로소 자세하게 나라 안 사정을 들었다. 자기 아버지와 최양업의 아버지가 서소문 밖 형장에서 참수형을 당하고 어머니는 거지와 다름없이 되어 이 집 저 집 밥을 얻으러 다닌다는 소식에 하늘이 무너지는 충격을 받았다.

"정말입니까? 세상에 어찌 그럴 수가 있습니까?"

조선에 있던 외국인 신부 3명도 모두 잡혀 목이 잘려 숨지는 등 3백 명 이상이 죽었다는 소식에 김대건은 "아아, 어찌 그럴 수가 있습니까?"라는 말만 되풀이했다.

이야기를 마치고 김 프란치스코는 허리춤에 감추어 가져온 문서뭉치를 김대건에게 내주었다. 순교한 성직자들에 관한 기록과 박해상황, 그리고 새 신부가 와 주기를 바라는 신자들의 편지 등이었다.

이 모든 불행이 편지를 받고 불과 한 달 뒤에 일어날 줄도 모르고 김대건과 최양업은 필리핀의 롤롬베이에서 고국에서 날아온 편지에 마냥 기뻐했던 것이다.

김 프란치스코는 함께 온 사람들의 눈이 두려워 이번 행차에서는 김대건의 입국을 도울 수 없을 것 같다고 말했다. 그래서 김대건은 혼자서라도 먼저 입국하여 집을 구해 놓고 메스트르 신부를 맞이할 결심을 했다.

제 4 장

한성으로
가는 길

7년 만에 국경을 넘었지만

김대건은 김 프란치스코에게서 받은 문서뭉치를 함께 왔던 중국인 교우에게 주며 메스트르 신부에게 전해 달라고 부탁했다. 그리고 프란치스코가 일러준 대로 초라한 나무꾼 옷으로 바꿔 입었다. 옷 속에 은전 1백 냥과 금전 40냥을 집어넣고 꿰맸고 소금에 절인 생선과 마른 떡 몇 개를 사서 봇짐에 넣었다. 준비가 끝나자 새벽 1시경에 의주를 향해 출발했다.

온종일 쉬지 않고 걸어 저녁 무렵에 의주검문소가 보이는 곳에 이르렀다. 검문소에서는 파수병이 통행인을 붙들어 세우고는 일일이 통행증을 확인하고 있었다. 통행증이 있을 리 없는 김대건은 날이 어두워지기만을 기다렸다.

생각해 보니 7년 만에 밟는 고국 땅이었다. 아버지의 잘린 목에서 흐른 피가 괴어 있는 땅, 어머니가 거지가 되어 헤매는 땅이었다.

김대건은 땅을 치며 통곡하고 하늘을 우러러 울부짖고 싶었다. 밤이면 밤바다 베개가 흥건히 젖도록 울고 또 울었다. 그러나 슬픔에 잠겨 할 일을 망각할 수는 없었다. 지금은 안전하게 조선으로 들어가는 길을 찾는 것이 급선무였다.

사방이 어슴푸레해진 뒤였다. 마침 소 떼를 몰고 오는 무리

의주의 옛 모습

가 있었다. 김대건은 소 틈에 끼어들어 일단 국경지대 파수병
앞을 통과했다.

하지만 이로써 모든 일이 해결된 것은 아니었다. 통행인들
은 관솔불을 밝혀 놓고 일일이 점검하는 국경지대 수비병의 수
문장에게 통행증을 맡겨야만 했다. 김대건은 그 앞으로 다가
갔다가 통행증을 건네고 돌아서는 무리 틈에 슬쩍 끼어들었다.

"이보시오! 거기 좀 멈춰 보시오!"

수문장이 김대건을 부르는 소리가 귓전을 때렸다. 부르는
소리가 계속 이어지자 그는 돌아서지 않을 수 없었다.

"저 말입니까? 통행증을 받으셨으면 되었지 왜 자꾸 부르시오?"

순간, '최후의 수단은 삼십육계 줄행랑이다!'라는 말이 뇌리
를 스쳤다. 김대건은 이 말이 떠오르자마자 냅다 뛰었다.

따라오는 소리가 안 들리자 잠시 멈추고 호흡을 가누었다.

읍내의 작은 샛길로 접어들었다. 밤이 새도록 남쪽으로 난 길을 빠른 걸음으로 걸었다. 1백 리가량 왔을 때는 벌써 먼동이 벌겋게 트고 있었다. 때마침 눈앞에 주막이 보였다.

'몸이나 좀 녹여야지.'

이렇게 마음먹고 들어간 주막에서 김대건은 그만 사람들에게 의심을 샀다. 조선을 떠나 외국에서 오래 생활한 터라 옷과 신발 등 모든 것이 중국인으로 오해받기 딱 좋았기 때문이다.

주막에 있던 패거리가 자꾸 수작을 걸었다. 김대건이 별 대꾸를 하지 않자 그들은 달려들어 모자와 신발을 벗겼다. 마침 김대건은 중국 버선을 신고 있었다.

"이놈은 틀림없이 국경을 몰래 넘어온 중국의 장사치요. 관가에 고발해야겠소!"

"왜들 이러시오? 나는 중국에서 오래 살았지만 분명 조선인이오."

"말도 곧잘 하는군. 장사하려고 조선말을 익혔겠지. 통행증 없이 다니며 아편을 파는 되놈이 아니라면 관가에 가서 증명하시오."

"거참, 중국에서 살다 왔으니 옷이야 당연히 중국사람 옷이 아니겠소."

김대건은 자신이 어디에 살았던 누구이며 무슨 일로 국경을 넘으려 한다는 것을 차마 말할 수 없었다. 그것을 말했다가는 정말 관가에 잡혀가게 될 터이니까.

다행히 주막 패거리 중에 온건한 사람이 있어 나그네한테 이 무슨 못 할 짓이냐고 만류하고 나섰다. 이 사람의 도움에 힘입어 김대건도 큰소리를 쳤다.

"왜들 이러시오! 모친이 위독하다는 소식을 듣고 몇 해 만에 고향에 가려고 변문에서 왔는데 같은 조선사람끼리 이 무슨 행패요!"

김대건은 이 말을 남기고 주막을 나왔다. 남쪽으로 발걸음을 옮기는데 누군가가 미행하는 것 같았다. 하는 수 없이 산속으로 피신했다가 목적지를 바꿔 중국으로 되돌아가기로 작정하고 의주로 발걸음을 옮겼다. 만약 포졸에게 검색을 당하면 지니고 있는 은전과 성경의 출처를 추궁할 것이 뻔했다. 포졸이 돈에 주목하면 강도로 몰 것이고 성경에 주목하면 천주교인으로 몰 것이니 이래저래 붙잡히면 목숨을 부지하기 어렵겠다는 걱정이 생겼다.

사람들 눈에 안 띄는 것이 중요했다. 김대건은 낮에는 숲에서 자고 밤이면 걸었다. 그는 이틀 동안의 굶주림과 피로에 지쳐 그만 눈 속에 쓰러져 잠이 들었다.

"안드레아, 어서 일어나라. 어서 가던 길을 걸어가야 한다."

어디선가 이런 음성이 들려와 얼른 잠에서 깨어났다. 훗날 김대건은 이때 일을 다음과 같이 회상했다.

그때 그 소리와 형상은 내가 너무 굶주리고 막막한 곳에 있었기 때문에 헛것을 본 것이라고 해석한다. 그러나 천주의 사랑은 그것을 사용하시어 나를 보호하셨으니 만일 그것이 아니었더라면 나는 필시 거기서 깨어나지 못하고 다른 세상으로 넘어갔을 것이다.

김대건은 검문이 심한 의주 성문을 피해 우회하기로 했다. 덤불을 헤치며 성 바깥으로 돌아서 가까스로 국경을 넘어 중국으로 되돌아갔다. 압록강을 건널 때는 얼음이 여러 차례 깨졌다. 한겨울이라면 안심하고 건넜겠지만 강에 빠질 뻔하며 죽을 고비를 몇 번 넘기기도 했다.

중국 변문에 있는 주막에서는 조선인 같다고 또 말썽이 일어났다. 이번에는 돈을 몇 푼 내어 술을 사 중국인들을 달래고는 하룻밤 쉴 수 있었다. 그래서 7년 만에 고국 땅을 잠시 밟기는 했으나 곧 변문의 메스트르 신부 곁으로 다시 돌아오고 말았다.

오고 가는 데 230리 길을 걸었지만 위험한 고비만 여러 차례 넘겼을 뿐 아무 소득이 없었다. 조선을 떠날 때는 큰 문제가 없었는데 다시 중국으로 들어가려니 이렇게 문제가 복잡해졌다.

"귀신을 영접하라!"는 만주의 기이한 풍습

사오바츠자小八家子는 중국 지린吉林 성의 창춘 서북쪽으로 약
70리 정도에 위치한 중국의 전통 교우촌으로, 이곳 주민 95%
는 가톨릭 신자다. 중국사람들에게 사오바츠자 마을과 소팔가
자 천주교당은 거의 같은 의미로 쓰였다. 사오바츠자 마을사
람 모두가 소팔가자 천주교당에 참례하는 신자였기 때문이다.
사오바츠자란 마을 이름은 여덟 가구가 모여 한 마을을 이루었
다는 데서 유래했다.

이 사오바츠자는 우리 한국인과 매우 친근한 역사적 관계가
있다. 한국인 최초의 신부인 김대건, 그리고 동문수학했던 최
양업이 부제서품을 받은 곳이 바로 이곳이다.

여기에는 최양업과 브뤼니에르 신부 그리고 앵베르 주교의
뒤를 이어 조선교구의 책임자로 일할 페레올 주교26도 함께 머
물렀다. 김대건은 사오바츠자에서 페레올 주교를 모시고 조선
으로 들어갈 기회를 계속해서 노렸다. 지난번 의주를 통해

---

26 페레올(Jean-Joseph Ferréol, 1808~1853): 조선의 제3대 교구장. 거듭
된 박해와 1만여 명의 신자를 돌보아야 하는 과중한 업무로 인한 과로로
건강을 해쳐 1853년 2월 3일 회복하지 못하고 선종했다. 나이 45세 때였
다. 김대건에게 신부서품을 해준 이다.

사오바츠자 성당과 성당 내부에 있는 김대건 신부 동상　　　출처: 좋은사람투어

입국하려다 실패한 것을 교훈 삼아 이번에는 함경도 경원 쪽의 길을 알아보기로 했다. 마침 훈춘珲春에서 두만강을 건너 16킬로미터쯤 떨어진 경원에서는 청나라와 조선 사이에 무역시장이 열리곤 했다.

"김 안드레아, 북간도의 훈춘으로 가면 두만강을 건너 조선에 들어가는 길을 알아볼 수 있을 걸세."

페레올 주교의 말에 김대건은 바로 짐을 꾸렸다. 메스트르 신부는 자기도 함께 갔다 오겠다고 주교에게 간청했다.

"안 됩니다. 외국인이기 때문에 신분이 탄로 날 위험이 큽니다. 기회를 잘 살피면서 기다려 봅시다."

일단 김대건만 몇 사람의 교우상인들 틈에 끼어 긴 여행을 하기로 했다.

이윽고 김대건은 1844년 2월 4일, 경원을 향해 길을 떠났다. 그쪽으로 입국할 수 있으면 사오바츠자로 돌아와 페레올 주교를 모시고 다시 갈 작정이었다. 사오바츠자에서 경원까지는 사람이 살지 않는 험한 곳이 많았고, 거기를 왕복하려면 지름길로 가도 무려 1천 6백 킬로미터나 되는 머나먼 길이었다. 하지만 7년 전 공부하러 마카오까지 걸어갔던 길만큼 멀지는 않았다. 문제는 지금이 겨울철이라는 점이었다. 눈보라와 북풍이 몰아치는 한겨울에 지리도 잘 모르면서 가기에는 너무나 멀고 험한 길이었다.

김대건은 이 여행의 기록을 아주 소상하게 한문으로 남겼고 이는 오늘날까지 전해진다. 페레올 주교에게 드리는 형식의 여행기인데 훌륭한 글로 일컬어지므로 여기에 그것을 요약하여 싣는다.

주교님께 강복을 받은 후 널빤지로 된 썰매를 타고 눈이 쌓인 길을 달려 몇 시간 만에 창춘長春에 닿았습니다. 그곳에서 하룻밤을 묵고 이튿날 몽골과 만주의 경계를 지나서 만주로 들어왔습니다. 넓

허룽진과 사오바츠자 성당을 잇는 9.7킬로미터 구간은 1999년에 '김대건로'라고 명명하면서 도로를 재정비하여 사오바츠자 성당을 찾는 신자들의 순례길에 의미를 더하고 있다.

출처: 좋은사람투어

은 들에는 온통 눈만 쌓였고 볼 만한 것은 별로 없었지만 여러 사람이 썰매를 지치며 다니는 모습은 장관이었습니다.

그 들을 지나 도착한 곳이 지린吉林입니다. 지린에는 쑹화松花 강이 흐르고 있었는데 아직 얼음이 풀리지 않았습니다. 쑹화 강 북쪽에는 평산이라는 큰 산이 솟아 있었습니다. 지린에는 벽돌과 흙으로 지은 집이 많았는데 다 초가집인 데다 단층이라 집집에서 밥 짓는 연기가 올라가자 온 읍내가 검푸른 망토를 두른 것 같았습니다.

평산의 높다란 봉우리는 여기서도 볼 수 있는데 마치 청나라와 조선 사이에 넓은 울타리가 가로놓여 양국의 통행을 엄금하는 듯

합니다. 이 산은 남북으로는 몇 리가 되는지 알 수 없지만 동서로 6백 리나 된다고 합니다.

길을 몰라 걱정하던 터에 고향으로 돌아가는 관리 일행을 만났습니다. 우리는 그들의 인도로 지린을 떠나 쑹화 강의 얼음을 타고 얼마 동안 그 강의 상류로 올라갔습니다. 땅은 평탄치 않은 데다 산이 험악하고 수목도 울창하여 길이 잘 보이지 않았습니다. 우리는 그들과 헤어져 강물과 합류되는 냇물을 따라 북쪽으로 갔습니다. 이 강을 청나라 말로는 '무단 강'이라고 한답니다.

강가에는 주막이 간간이 있는데 하루는 여자 교우의 주막에 들게 되었습니다. 그 주인은 청나라의 다른 교우처럼 우리를 형제같이 후하게 대접하고 밥값도 받지 않을뿐더러 가는 도중에 먹을 음식까지 마련해 주어 고맙기 그지없었습니다. 그들에게는 다른 지방에서 오는 교우를 힘닿는 데까지 후하게 대접해 보내는 것이 풍습이 되었습니다.

우리는 그 주막을 떠나 얼음을 타고 가기도 하고 강 양쪽 기슭을 따라 올라가기도 했습니다. 강 좌우로는 수목이 울창한 평산이 높이 솟아 있었습니다. 산에는 표범이며 이리·곰 등 수많은 산짐승이 있다고 해서 우리는 그 산을 넘어갈 사람이 많이 모이기를 기다리기로 했습니다. 일행이 웬만큼 모이자 함께 산을 넘는데 정말 굴에서 표범이나 이리가 나와 우리를 따라왔습니다. 사람 수가 많으니 감히 달려들지는 못하더군요.

이 산을 넘다가 짐승의 습격을 받아서 죽은 사람이 워낙 많아 나라에서는 해마다 가을이 되면 포수를 조직하여 산에 보낸다고 합니다. 포수 중에도 짐승에게 목숨을 잃은 경우가 있다고 하니 첩첩산중임에 틀림이 없습니다.

우리가 지날 때 때마침 1천 리 밖에 사는 포수 한 사람이 죽어 널에 실려 고향으로 가는 광경을 보았습니다. 그래도 그는 짐승을 잡고 죽은 덕에 널 위에 사슴뿔이며 호랑이가죽 등 전리품이 얹혀 있었습니다. 고향의 가족들에게 전해 주려는 것이겠지요. 상여꾼들은 죽은 사람의 영혼이 쓸 노자라고 하면서 길에 드문드문 돈을 뿌리기도 하던데 이는 생전의 선행이 사후에 노자가 되는 것을 모르고 하는 짓이니 참으로 딱하게 여겨졌습니다.

평산을 벗어나기 전에 커다란 호수가 나왔습니다. 우리는 '헤이호'라는 이름의 이 호수 옆에 있는 주막에 들어갔습니다. 주인이 반색하며 우리를 맞이하여 어디에서 왔고 어디로 가는 길이냐고 물어본 것은 그간 손님이 별로 없었기 때문일 것입니다. 중국의 제일 큰 명절인 설날이 가까워져 오니 여행객도 줄어들었던 모양입니다. 우리가 창춘에서 훈춘으로 가는데 길을 몰라 걱정이라고 했더니 주인은 우리더러 7~8일 동안만 머물러 있으라고 권했습니다. 훈춘까지 식료품을 실어 보낼 수레가 있는데 그때 우리 봇짐을 수레에 얹어 놓고 뒤를 따라가도록 해줄 터이니 그동안 쉬는 것이 어떻겠냐고 하기에 응낙했습니다. 말이 워낙 지쳐서 주인의 권유가 아니더라도 우리는 쉬어 갈 참이었습니다.

설날 밤이 되자 중국인들은 이상한 예식을 했습니다. 예식을 주관하는 사람이 이상한 옷을 입고 밤중에 잠자리에 든 제게 와서 여러 번 머리를 흔들더군요.

"손님, 일어나시오. 지금 귀신이 오십니다. 마중 나가야 합니다."

"귀신이 오다니요? 대체 어디서 귀신이 온단 말이오? 무슨 귀신인데요?"

"귀신, 큰 귀신이 지금 오시려 합니다. 일어나서 마중 나가야 합니다."

"아이고, 여보시오. 좀 참아 주시오. 당신이 보는 바와 같이 내게는 지금 잠귀신이 붙어 있소. 온다는 귀신 중에 설마 이 잠귀신처럼 나를 즐겁게 해줄 귀신이 있겠소? 내가 이대로 잠귀신에게 잡힌 행복을 누리게 해주시오. 나는 당신이 말하는 그런 귀신은 알지 못하오."

이렇게 둘러댔더니 그는 알아듣지도 못할 말을 중얼거리며 돌아갔습니다. 이 마을에서는 이런 식으로 설날맞이 행사를 하는가 봅니다. 좋은 구경거리를 놓칠지 모른다는 생각이 들자 잠이 확 달아났습니다.

그가 간 뒤에 자리에서 빠져나와 귀신 영접하는 것을 구경했습니다. 남녀노소 불문하고 제일 좋은 옷을 입고 마당에 나와 모였는데 예식을 주관하는 사람이 자기 혼자만 귀신을 볼 수 있다며 하늘을 우러러보다가 소리를 질렀습니다.

"귀신이 오신다! 모두 절하라. 바로 이쪽으로 오신다!"

그러자 모든 사람이 그쪽으로 머리를 돌렸고 모든 가축과 수레도 그쪽으로 머리를 돌리더군요. 이렇게 귀신을 영접하고는 모두 집으로 돌아가 잔치를 성대히 벌였습니다. 그런 황당무계한 예식은 생전 처음이었습니다.

그 집에서 여드레를 쉰 후인 음력 초나흗날, 주인과 수레값을 결정하고 중도에 쓸 말 먹이와 음식을 수레에 실었습니다. 여기서 바다로 통하는 길이 무려 6백 리라고 했습니다. 7~8년 전에는 이 길에 행인이 묵을 주막이 없어 사람들이 떼를 지어 걷다가 밤이 되면 걸음을 멈춘 그 자리에서 아침까지 모닥불을 피워 호랑이의 습격을 막았다고 합니다.

말이 주막이지 집 안은 지저분하기 짝이 없었습니다. 방 가운데 돌덩이 세 개를 놓고 걸쳐 놓은 솥이 유일한 세간이었습니다. 불을 부엌에서 때지 않고 거기서 때니 벽의 그을음이 어떠할지 짐작하시겠지요? 방바닥에는 나무껍질을 깔아 놓았는데 이는 행인이 피곤한 다리를 쉬고 원기를 회복하라는 배려였습니다.

어떤 때에는 1백 명이 넘는 사람이 좁은 방 안에 빽빽이 누워 잠을 자곤 했습니다. 연기 때문에 질식할 것 같은 기분이 들어 우리는 방에서 자주 나와 맑은 공기를 들이마시고 아침이면 밤새 삼킨 그을음을 토해 내야 했습니다.

무거운 짐을 실은 수레를 뒤로하고 우리가 먼저 훈춘에 도착하여 날짜를 세어 보니 주교님 계신 곳을 떠난 지 한 달이 다 된 것이 아니겠습니까. 조선 사람과 청나라 사람이 접촉할 만한 곳은 오직 이 훈춘뿐으로 2천 3백 명의 군사를 거느린 만주 사람이 관장이 되어 다스립니다. 주로 청나라 사람이 와서 장사하는 훈춘에서는 말, 개, 노새, 담뱃대와 가죽 등은 조선 사람에게 팔고 돼지, 소, 종이, 자리, 쌀과 각종 세간살이는 조선 사람에게서 사들인다고 합니다.

훈춘에 사는 청나라 사람은 2년마다 한 번씩 조선의 경원으로 건너가 한나절 동안 물건을 매매하고 온다고 합니다. 만일 한나절 동안 일을 끝내지 못해 어둡기 전에 국경을 넘지 못하면 조선 군사들이 창으로 밀어 내쫓는다고 합니다. 이렇게 물건을 서로 사고파는 몇 시간만이 두 나라 사람이 접촉하는 유일한 기회로 다른 때에 국경을 넘는 자가 있으면 잡아서 종으로 부리거나 사정없이 죽여버린다고 합니다.

두 민족 사이에 서로 혐오감이 아주 심합니다. 특히, 최근에 중국인이 조선에 몰래 들어가 여자와 아이들을 유괴한 이후 더욱 나빠졌다고 합니다.

국경에 도착했으나 장이 서는 날까지는 여드레나 기다려야 했습니다. 언제쯤이면 조선 교우들이 우리를 알아봐 줘서 조선의 사정을 들려주게 될지 몰라 우리는 초조하고 지루한 시간을 보냈습니다. 우리 민족이 아직도 외국인을 상종 못할 원수로 여겨 국경 밖으로 내쫓는다고 생각하니 슬픈 기분을 지울 수 없습니다. 제가 고국 땅을 밟는 것도 자유롭지 못하여 잠시 머무르다 갈 수밖에 없다고 생각하니, 새삼 인류라는 대가족의 공변된 천주께서 당신의 모든 자녀를 서로 형제처럼 결합하게 하시고 인류에 대한 당신의 무한한 사랑으로 서로 친구로 지낼 날이 언제일까를 헤아리게 됩니다.

마침내 음력 정월 20일, 조선 경원의 관장이 그 이튿날 장을 열겠다는 연락을 훈춘관원에게 보내왔습니다. 저는 친구와 함께 새벽에 급히 장으로 갔습니다. 읍내 부근은 벌써 인산인해를 이루고 있었습니다. 우리는 손에 흰 수건을 들고 허리에는 차를 담은 붉은 주머니를 차고 사람들 사이를 헤치고 다녔습니다. 이는 조선 교우와 만나기 위해 약속한 표시였습니다.

우리는 오랫동안 이 차림새로 사람들 사이를 왔다 갔다 했으나 아무도 우리에게 다가오지 않았습니다. 혹시 조선 교우들이 안 온 것이 아닌가 걱정하며 말에게 물을 먹이려고 냇가로 갔습니다. 장터에서 3백 보쯤 떨어진 냇가에서 말에게 물을 먹이는 우리 곁으로 한 사람이 슬며시 다가왔습니다. 저는 그에게 중국말로 누구냐고 물었으나 알아듣지 못하기에 다시 조선말로 누구냐고 물었습니다.

"나는 한 서방이오."

그제야 그는 이렇게 대답했습니다. 저는 다시 그에게 물었습니다.

"당신은 예수를 따르는 자요?"

그가 그렇다고 대답해 안심했습니다. 우리는 그 교우를 따라 일행이 있는 데로 갔습니다.

모두 네 사람이 여기서 한 달 전부터 우리를 기다렸다고 했습니다. 그러나 우리 주변은 조선 사람과 청나라 사람들이 둘러싸고 있어서 자세한 이야기를 하기는 어려웠습니다.

더구나 우리가 옆에서 들리지 않을 정도로 소리를 죽여 조용조용 말하는 것이 다른 사람의 호기심을 자극하는지 더더욱 우리 이야기에 귀를 기울이는 것 같았습니다. 눈치를 보아 천주교회 사정을 말하다가도 갑자기 화제를 바꾸어 흥정하는 체 대화를 나누었습니다.

"이것 얼마요?"

"80냥이오."

"너무 비싼 것 아니오? 50냥만 줄 터이니 그 짐승을 팔고 가시오."

"안 될 말씀이오. 조금이라도 깎는다면 안 팔겠소."

이런 말을 주고받았습니다.

교우들의 말을 들어 보니 교난 이후 조선교회는 다소 안정된 듯합니다. 교우 중에는 조금이라도 안전한 지방을 찾아 남쪽으로 이사한 사람이 많으며 교세 또한 확장되어 새로 입교한 사람이 많다고 합니다. 교우들이 서양인 신부를 무사히 모시기는 매우 어려운 형편이지만 천주의 인자하심을 믿고 할 수 있는 데까지는 영접하기에 힘쓰겠다고 합니다.

한편, 훈춘을 거쳐 조선에 들어오기보다는 변문을 지나 들어오는 것이 더 안전하다는 의견을 전해 주었습니다. 훈춘을 거치자면 국경을 넘어야 하는 위험이 뒤따를 뿐 아니라 조선의 북쪽지방을 다 지나가야 하는 어려움이 또 있기 때문이라고 하더군요.

이야기를 끝내고 작별인사를 하는 뜻으로 서로 손을 마주 잡자 교우들은 눈물을 흘리며 흐느껴 울었습니다. 우리는 읍내로 들어와 다시 사람들 속에 섞였습니다.

경원 장터는 참으로 색다른 모습을 보여 주었습니다. 읍내에 들어온 장사꾼들은 바로 장사를 시작하지 못하고 장을 연다는 신호만 기다렸습니다. 해가 중천에 높이 뜬 정오쯤에 기를 올리고 징을 치면 그 순간 많은 사람이 일정한 장소로 빽빽하게 몰려갔습니다. 조선인, 중국인, 달단인(타타르인) 등이 모두 함께 얽혀 각기 제 나라말로 귀가 아플 정도로 소리를 질러 댔습니다. 사람들이 물건을 팔고 값을 흥정하는 소리가 어찌나 큰지 건너편 산이 울려 메아리로 되돌아올 정도였습니다.

물건 매매는 오후 4시나 5시 안에 끝내야 한다고 합니다. 때를 놓치지 않으려고 우왕좌왕 돌아다니는 사람들, 여기저기서 서로 다투는 소리, 주먹으로 서로 치고받는 싸움, 흉기를 들고 약탈하는 놀라운 광경 등…. 이때 경원은 장터라기보다는 마치 화적 떼가 쳐들어와 마구 약탈하는 참상을 보여 주는 듯했습니다.

외국인은 물러가라는 신호로 느껴지는 저녁때가 되자 사람들은 또다시 뒤죽박죽 몰려갔습니다. 창을 든 군사가 뒤처진 사람들을 몰아 쫓았습니다. 우리는 이 복잡한 무리를 뚫고 지나가느라 무척 애써야 했습니다.

훈춘으로 돌아오는 우리에게 말 한마디라도 더 건네려고 교우들이 따라왔습니다. 중국인 교우와 저는 말에서 내려 다시 한 번 인사하려고 했으나 혹시라도 우리 주위에 있는 관리들이 의심할까 봐 그에게 다시 말을 타라고 눈짓을 했습니다. 저는 마음속으로 조선교회를 수호하는 천주께 인사하고 순교자를 보호해 줄 것을 청하고는 두만강을 건너 몽골 쪽으로 향했습니다.

돌아올 때는 길이 달라져 있었습니다. 전에 얼음을 밟고 건너던 강이 얼음이 풀리고 큰 산에서 내려오는 여러 냇물이 합쳐져 넘실대는 강물에 오래된 나무토막과 큰 얼음덩이가 뒤섞여 떠내려가더 군요. 아무도 이 위험한 물속으로 감히 들어갈 수가 없어 지켜보는 사이에 행인과 수레는 강가에 계속 모여들었습니다. 강물이 흘러내리는 소리와 사람들이 떠드는 소리, 맹수의 성난 울음소리가 모여 이 골짜기에는 천둥이 치는 듯했습니다.

해마다 여러 사람이 이 강을 건너다가 얼음 아래로 빠져 죽는다는 말을 들었으나 저는 천주의 인자하심을 믿고 건널 만한 곳을 찾아 강을 건넜습니다. 동행한 교우는 물길을 아는 사람을 찾아 멀리 돌아서 무사히 건넜는데 말 한 필을 잃어버린 것이 유감일 뿐이었습니다.

김대건의 긴 편지는 이렇게 자상하고 인정이 넘치는 내용으로 전개되었다. 두 통의 편지에 담긴 여행기를 읽은 서양신부와 선교사들은 김대건의 남다른 용기와 자상한 마음씨에 크게 감탄하여 화젯거리로 삼았다.

　"김대건은 조선 땅에서 열다섯 살까지만 한문을 배우지 않았소? 그런데 어찌 이렇게 훌륭한 문장을 구사한단 말이오?"

　"이렇게 뛰어난 여행기는 내 처음 봅니다."

　"분석력과 관찰력이 대단히 뛰어납니다. 자연과 사람을 보는 통찰력도 스물셋이라는 나이로는 정말 대단하오."

　"상황 판단력이 좋군요. 이 정도면 신부님 자격이 충분해요."

　서양신부와 선교사들이 이 편지를 돌려 읽고 김대건을 더욱 총애한 것은 두말할 필요가 없다. 두 달 만에 건강한 모습으로 함경도 경원을 다녀온 김대건은 본격적으로 신학공부에 전념했다. 조국에 들어가 선교활동을 벌일 여건이 아직은 안 되었다고 판단했기 때문이다.

　때마침 사오바츠자에서는 평생의 친구 최양업이 김대건을 기다렸다. 오랜만에 만난 두 사람은 서로 얼싸안고 재회의 기쁨을 만끽했다. 페레올 주교는 두 신학생에게 작은 선물을 주기로 했다.

　1844년 12월 15일, 두 사람은 부제副祭 서품을 받았다. 부제

김대건 기념관에서 바라본 사오바츠자 성당의 종탑   출처: 좋은사람투어

는 사제同祭 다음이라는 뜻으로 신부가 되기 전의 자리다. 사제
가 되기 위해서는 이렇게 여러 단계를 거쳐야 했다. 이들은 아
직 만 스물세 살로 신부가 될 수 없는 나이였다. 스물다섯 살이
되기까지는 신앙과 인품을 닦는 준비기간이라고 할 수 있겠다.

몰래몰래 들어온 한성

1845년 정초, 김대건은 한 조선 교우의 충고대로 페레올 주교
와 함께 변문으로 나와 입국을 다시 시도했다. 세 번째 입국 시
도였다. 첫 번째로는 변문을 출발하여 의주를 통해 한성까지
가려 했고, 두 번째로는 훈춘을 거쳐 경원으로 가 한성까지 가
려 했다. 세 번째 귀국 시도는 과연 성공할 수 있을까. 자신이
나고 자란 땅으로 들어가려는데 이렇게 불순한 침입자처럼 국
경의 허술한 틈새를 노리는 처지가 되다니, 그가 이렇게 된 이
유는 순전히 전교의 사명 때문이 아니겠는가.

이 무렵이면 베이징으로 가는 조선의 사신 일행을 만날 수
있으리라 예상했다. 정초, 마침 동지사가 청나라로 갈 무렵이
었다. 아니나 다를까, 사신 일행이 변문에 도착했다는 소식이
들려왔다. 일행 속에는 역시 김 프란치스코가 있었다.

그런데 상황은 기대했던 것보다 더욱 비관적이었다. 천주교
인을 대대적으로 박해했던 기해년 이후로 국경경비가 한층 엄
중해져서 외국인의 입국은 불가능하다는 정보를 입수했다. 의
주 변문에는 경비대가 더 늘어나 검문을 강화했다고 했다. 페
레올 주교를 모시려고 조선에서 영접迎接 나온 일행 일곱 명 중
세 명만 변문을 통과하여 만주에 왔고, 나머지 네 명은 말 두

필을 끌고 국내에서 기다린다는 것이었다.

페레올 주교는 육지를 통해 조선에 들어가기가 어렵다고 판단했다. 하는 수 없이 김대건에게 교인 세 사람의 인도를 받아 조선에 먼저 들어가라고 일렀다. 그리고 자신은 상하이에 가서 기다릴 터이니 황해 바닷길로 건너갈 수 있도록 주선해 달라고 부탁했다.

김대건은 김 프란치스코 일행과 함께 두 나라 국경 사이의 황무지를 가로질렀다. 압록강에 이르기 전에 교우들과 의주 외곽의 한 곳에서 만날 것을 약속하고 헤어졌다. 그는 통행증이 없어 교우들과 함께 국경을 넘을 수가 없었다.

김대건은 성문을 피해 산길로 숨어들어 갈 계획을 세우고는 밤이 될 때까지 산골짜기의 숲속에 숨기로 했다. 그 뒤의 사정은 마카오의 리부아 신부에게 보내는 편지에 적었으므로 그대로 인용한다.

들판에 어둠이 깔리자마자 저는 천주의 도우심을 빌며 숨었던 곳에서 나와 읍내로 향했습니다. 소리를 내지 않으려고 신을 벗고 걸었습니다. 강 둘을 얼음 위로 건넌 다음, 바람에 불린 눈이 때때로 다섯 자, 열 자씩 쌓인 힘든 길로 우회하여 지정된 장소에 이르렀습니다. 그러나 신도들이 와 있지 않았습니다.

슬픔에 잠겨 두 차례 읍내로 들어가 사방으로 그들을 찾아보았으나 소용이 없었습니다. 약속된 곳으로 다시 와서 밭 가운데 앉아 있노라니 오만 가지 불길한 생각이 다 솟구쳐 올랐습니다. 저는 그들이 잡힌 줄로 알았습니다.

사실은 잡힌 것이 아니다. 김대건과 교우들은 그 밤 내내 길이 엇갈렸던 것이다. 이런 우여곡절 끝에 교우들은 거름 더미 옆에 누운 김대건을 찾을 수 있었다.

일행은 닷새를 걸어 평양에 도착했다. 거기에서 검문을 뚫지 못하고 되돌아갔던 교인 현석문과 이재용이 말 두 필을 가지고 기다렸다. 김대건과 다른 교인 하나도 중도에서 말 한 필씩을 구해 타고 오던 참이었다.

기운을 얻은 이들은 개성을 거쳐 마침내 한성에 도착했다. 이날이 1845년 1월 15일이니 김대건이 머나먼 곳으로 유학을 떠난 날로부터 거의 9년 만에 밟는 한성 땅이었다. 열여섯 살의 소년으로 고국을 떠났던 김대건이 이제 의젓한 스물다섯 살의 청년 부제가 되어 돌아온 것이다.

성직자의 몸이 되어 그리던 조국에 돌아왔지만 아는 사람조차 마음대로 만나기가 어려웠다. 당시 조정은 세 소년이 신부가 되기 위해 외국의 신학교로 갔다는 사실을 알고 있었다.

밀랍으로 만든
고문 장면(미리내 성지 내)

　김대건은 교인들에게 자신이 조선에 돌아온 것을 비밀로 하
도록 부탁했다. 천주를 믿는 것만으로도 중죄인 취급을 받을
때였으니 당연한 부탁이었다. 조선인 성직자가 있다는 것을
조정에서 알면 당장 붙잡아 고문할 게 뻔했다.

　그 당시 교인은 붙잡히기만 하면 곤장 때리기, 무릎매질, 육
모매질, 주리틀기, 줄톱질하기, 가위주림, 학춤 등 끔찍한 고
문을 당했다. 형장에서 목이 잘려 죽지 않더라도 이런 고문을
당하면 대개는 얼마 살지 못하고 숨을 거두었으니 천주교를 믿
는 데에는 목숨을 건 용기가 필요한 시대였다. 경기도 안성의

미리내 성지에 가면 고문당하는 장면이 밀랍으로 만들어져 있어 당시에 어떤 식으로 고문이 행해졌는지를 보여 준다.

김대건은 한성에 당도한 직후 긴장이 풀린 탓인지 가슴과 위腸, 허리가 끊어질 듯 아픈 병고에 시달렸다. 너무 아파 밥은커녕 물도 제대로 넘기지 못하고 때로는 헛소리를 지르기도 했다. 김대건은 혼미한 가운데서도 기도 하나는 열심히 드렸다. 교우 한의사의 치료로 보름 만에 자리에서 일어났지만 한동안 편지조차 쓸 수 없을 정도로 기력을 잃고 말았다. 시력도 많이 떨어졌다. 지금 같으면 안경을 맞춰 썼을 것이다. 고난의 가시밭길을 너무 오래 걸은 탓이었다.

부제를 위해 교인들은 돌우물골(석정동)이란 곳에 있는 초가집을 사들였다. 김대건은 3월이 되어 몸이 조금 회복되자 앞으로 모실 주교의 거처를 단장하기 위해 벽을 새로 도배하고 배도 한 척 마련했다.

수소문하여 어머니를 찾고 싶은 생각이 굴뚝같았지만 그것은 사적인 일이었다. 공인이 된 지금은 타인을 위해 해야 할 일이 산더미처럼 쌓여 있었다. 어머니에게는 연락조차 하지 않고 성직자로서의 일에만 열중했다. 자기 한 몸을 천주께 바쳤다고 다짐했기 때문이다. 그는 지도자급 교인들로부터 교회 사정을 자세히 듣고 수많은 순교자에 관한 기록도 모았다. 또

예비 신학생 둘을 뽑아 집에서 라틴어를 가르치기도 했다.

그러니까 김대건이 부제로 목회활동을 시작한 것은 1845년 정초부터라고 보면 되겠다. 이듬해 6월 5일에 체포되었으므로 1년 5개월밖에 신부의 소임을 다하지 못했다. 그런데 그사이에 엄청난 모험을 하게 된다.

제 5 장

신부 김대건,
포교를 시작하다

위태로운 목선의 선장이 되어

김대건에게는 꿈에도 잊지 못할 중요한 임무가 하나 있었다. 그것은 조선교구의 총책임자인 페레올 주교를 중국으로부터 모셔오는 일이었다. 조선에 돌아온 지 4개월 만에 김대건은 상하이로 갈 배를 146냥에 마련하여 마포강에 띄웠다.

배라고 해 봤자 길이 8미터, 너비 3미터의 보잘것없는 목선木船이었다. 우선 급한 대로 동행할 일행을 모았는데 교인 11명이 위험한 여행을 같이하겠다고 나섰다.

그들 중 나룻배를 저어 본 경험이 있는 사람은 모두 넷이었다. 반면 현석문, 이재용, 최형崔炯 같은 교회 지도자나 농사꾼 출신들은 바닷길에 문외한이었다. 닻은 나무로 만들어 새끼로 꼰 동아줄에 달았고 선실이라곤 송판을 이어 붙여 멍석과 짚을 깐 움막 같은 것이 전부였다. 조그만 거룻배 하나를 배꼬리에 매달았는데 여기에 12명이 바다를 건널 때 먹을 식량과 식수를 실었다.

4월 30일, 제물포(지금의 인천) 앞바다를 출발할 때까지도 김대건은 일행에게 목적지와 임무를 말해 주지 않았다. 이 무모하기 짝이 없는 항해에 그들이 미리부터 겁을 먹고 안절부절못할까 봐 염려했기 때문이다. 조그마한 배는 대양을 향해 돛을 한껏 편 채 미끄러지듯이 달려 나갔다. 인천에서 상하이까지 뱃길에 큰 변고가 없기를 성호를 그으며 마음으로 빌었지만 불안을 떨쳐 버릴 수는 없었다.

배는 항구에서 점점 멀어지더니 어느새 망망대해 한복판에 둥실 떴다. 사방을 둘러봐도 오직 검푸른 물결만 보일 뿐이었다. 육지를 많이 벗어났다고 생각될 무렵, 풍랑이 일기 시작했다. 곧 굵은 빗방울이 떨어지더니 폭풍이 휘몰아쳤다.

"성모 마리아여! 저희를 보호해 주소서."

"성모님! 제발 이 폭풍우를 거두어 주소서."

"천주님! 살려 주소서, 제발 좀 살려 주소서."

이들의 기도에도 아랑곳없이 빗방울이 거센 바람에 밀려 뱃전을 때리고 파도가 일며 배를 마구 흔들었다. 자그마한 목선이 성난 물결에 비바람 속의 풀잎같이 너풀거리자 김대건은 먼저 무게가 제법 나가는 거룻배를 떼어 버리라고 했다. 식량이 수장되는 것이 문제가 아니었다. 거룻배를 떼어 내자 와지끈 하는 소리와 함께 돛대가 부러졌다. 키도 물결에 휩쓸려 사라져 버렸다.

"아이고, 나 죽소⋯."

"천주님! 제발 살려 주세요."

비명을 지르며 폭풍우와 싸우는 동안 사흘 밤낮이 흘렀다.

제주도에 있는 '성 김대건 신부 제주 표착 기념관' 내에 있는 모형도

사공 한 사람은 예비 교우였는데 이런 위기에서도 세례를 청하자 김대건 부제가 배 위에서 영세를 주었다.

처음에는 두고 온 가족이 생각나 통곡하는 이도 있고 울고불고 난리를 치며 돌아가자고 하는 이도 있었지만 나중에는 다들 체념하는 분위기였다. 폭풍우가 멎었을 때는 모두 기진맥진하여 잠이 들었다.

목이 말라 깨어난 김대건은 배 안에 음식이 조금 남았다는 데 생각이 미쳤다. 그 심한 풍랑 속에서도 배가 뒤집히지 않았음에 감사의 기도를 드리고 나서 사람들을 깨웠다.

남아 있던 음식과 물을 나눠 먹고 나니 비로소 일행의 얼굴에 생기가 돌았다.

"그 끔찍한 폭풍우 속에서 우리가 모두 살아났어요."

"아, 기적입니다. 배가 뒤집히지도 않았어요."

"천주와 성모 마리아의 보살핌 덕분이에요."

"맞습니다. 신의 가호가 있었습니다."

그들은 서로 얼굴을 쳐다보며 미소를 지었다. 한두 마디씩 건네면서 서로에게 용기를 주었다.

하지만 돛도 키도 없는 배인지라 정처 없이 흘러갈 수밖에 없었다. 바다는 언제 그렇게 난리를 쳤었냐는 듯이 잔잔해졌고 하늘은 맑게 개었다. 음식과 물이 얼마 남지 않았으므로 죽음의 순간이 서서히 다가오는 것처럼 여겨졌다.

"너희는 구하면 받을 것이요, 찾으면 얻을 것이요, 두드리면 열릴 것이니라."

김대건은 기도를 올릴 뿐 이 망망대해에서 다른 방법을 찾을 수 없었다.

하느님의 가호만을 빌며 모든 것을 천주께 맡긴 채 표류할 때였다. 멀리 배 한 척이 보였다. 김대건은 윗도리를 벗어 젖먹던 힘을 다해 허공에다 흔들었다. 다른 사람들도 고함을 지르며 옷을 벗어 흔들었다. 한참 뒤에야 그 배에 탄 사람들이 알아차렸는지 반파된 채로 간신히 떠 있는 목선을 향해 다가왔다. 김대건은 유창한 중국어로 사정을 설명했다.

"저희는 조선인인데 태풍을 만나 표류하고 있습니다. 구조해 주십시오."

"어디로 가는 중이었소?"

"상하이로 가는 길입니다."

"방향이 다르오. 우리는 산둥반도로 가는 길이라 태워 줄 수 없겠소이다. 물을 좀 드릴 터이니 지나가는 다른 배에 부탁해 보시오."

이 말을 들은 김대건은 눈앞이 캄캄해졌다. 다른 배가 언제 지나갈지 또 식량이 언제 떨어질지 모르는데 이 배를 놓치면 곧바로 죽음과 맞닥뜨릴 것이 분명했다.

"상하이까지만 데려다주시면 사례금은 섭섭잖게 드리겠습니다."

"산둥까지는 모셔다드리리다. 거기서 베이징을 거쳐 조선으로 돌아가는 것이 좋을 거요. 그렇게 지친 몸으로 상하이에 간들 별수 있겠소?"

"사례금 5백 냥이면 되겠소?"

김대건의 말을 듣고 중국 배의 선장은 비로소 이들이 특별한 목적이 있어 상하이로 가려는 것임을 알아차렸다.

"어서 저 배를 우리 배 뒤에 매달아라!"

선장은 큰 소리로 명령을 내렸다.

그러나 이로써 모든 일이 다 잘 풀린 것은 아니었다. 그로부터 8일 동안의 여행 도중에도 어려움은 이어졌다.

어느 날은 느닷없이 역풍이 불어와 중국 배를 따라오던 배 한 척이 부서져 선원 한 명만 남고 모두 죽는 일이 발생했다. 청천 하늘에 날벼락 같은 일이었다. 이때 김대건의 말솜씨 덕분에 두 배를 잇는 밧줄을 끊어 겨우 위기를 넘기기도 했다.

그런 뒤에는 또 해적선이 나타나 위협사격을 가해 왔다. 김대건이 중국인 선장에게 대포를 쏘라고 하여 가까스로 해적선을 물리칠 수 있었다. 이런 모험 끝에야 배는 상하이 바로 옆에 있는 우쑹항吳松航에 도착했다. 날수로는 그리 길지 않았으나 온갖 모험을 다 한 항해가 그렇게 끝났다.

역사적인 사제 서품 뒤에 이어지는 시련

일단 육지에는 내렸지만 그렇다고 해서 모든 일이 순조로운 것은 아니었다. 부두에 내려 목적지로 가기도 전에 옷차림이 수상하다고 여긴 청나라 포졸들이 일행을 조사하러 다가왔다. 당시 조선과 청나라의 외교관례에 따르면 표류해 온 선원이나 밀입국자는 육로를 통해 곧바로 상대국에 넘겨야 했다.

"거기 서라!"

포졸은 김대건에게 어디서 무엇을 하러 여기에 왔는지, 얼마 동안 묵을지 꼬치꼬치 캐묻기 시작했다.

"우리는 조선 사람입니다. 풍랑을 만나 죽을 고비를 넘기고 가까스로 여기까지 오게 되었습니다. 상하이에서 배를 수리한 뒤에 곧 떠납니다."

김대건의 유창한 중국어에 이들은 더욱 의심을 품었다. 그런데 운이 좋았던지, 그 항구에 영국 군함이 정박하고 있었는데 그 배의 장교 몇 명이 마침 곁을 지나갔다.

김대건은 얼른 프랑스어로 도움을 청했다.

"우리는 조선 사람입니다. 모두 천주교 신자인데 신부님을 모시러 상하이로 가던 도중 풍랑을 만나 중국 배의 도움으로 여기까지 왔습니다. 이 나라 포졸들이 우리를 수상한 사람으로 보고 귀찮게 하니 좀 도와주십시오."

장교 중 프랑스어를 아는 사람이 앞으로 한 걸음 나오면서 말했다.

"반갑습니다. 우리도 영국 성공회 신도입니다. 포졸들의 의심을 풀어드릴 테니 안심하십시오."

영국 장교는 통역을 내세워 포졸들의 저지를 무마시켰다. 아편전쟁에서 진 뒤 청나라 관헌은 영국 군인이라면 쩔쩔맸기 때문에 김대건 일행은 무사히 풀려날 수 있었다. 우연히 만난 영국 장교의 도움으로 이들이 상하이에 도착한 것은 1845년 6월 4일이었다.

상하이에서 배를 수리하려고 머무른 3개월 동안은 영국 공사관의 도움으로 큰 불편 없이 지낼 수 있었다. 페레올 주교가 영국 공사에게 미리 부탁해 둔 덕분이었다.

상하이의 높은 관리는 김대건이 세실 제독과 친분이 있음을 알고는 상하이에서 머무르도록 허락한다는 허가서를 내주었다. 그는 쌀 두 섬과 소고기 스무 근을 배에 실어 보내기도 했지만 김대건은 이를 받지 않고 귀찮게 하지만 말아 달라고 부탁했다.

영국 장교와 공사관 사람들은 젊은 김대건의 인격과 학식을 높이 평가했지만 상하이 사람들은 프랑스어를 할 줄 아는 조선인이 영국인과도 친하게 지낸다는 데 대해 계속 의혹의 시선을 보냈다. 다행히 상하이의 교우들이 공사관을 통해 식량과 용돈을 보내 주었다. 그렇지만 불법 입국했다는 사실이 밝혀지면 영국 공사관의 보호도 소용없을 것이므로 김대건은 빨리 이곳을 떠나야겠다는 생각에 선원들에게 배를 수리해 달라고 독촉했다.

상하이에서 만나기로 한 페레올 주교가 오지 않는 것이 이상

했다. 그래서 마카오의 경리부에 있는 리부아 신부와 페레올 주교에게 각각 두 차례 편지를 띄웠다. 그중 한 통을 소개한다.

(상략) 우쑹항을 떠나 상하이로 가려 할 때 영국인 2명이 달려와서 같이 가자고 말하기에 저는 우리 배를 청국인 안내자에게 맡기고 영국 보트를 타고 상하이로 가서 그의 영사관으로 안내해 달라고 부탁했습니다. 프랑스어를 아는 엠프슨이라는 사람이 영사에게 소개장을 써 주었으므로 영사도 매우 친절하게 만나 주었습니다. 저는 그에게 필요하다고 생각하는 것을 모두 말하고 청국인의 손으로부터 보호해 달라고 부탁했습니다. 그도 이미 페레올 주교로부터 제가 도착할 테니 보호해 달라는 연락을 받아 사실은 제 도착을 기다렸습니다.

그리하여 저는 어떤 교우의 집에 이틀 동안 머물렀습니다. 그사이에 강남교구의 예수회 신부 고틀랑이 찾아와서 580냥의 돈을 주었습니다. 그중에서 1백 냥을 깎은 4백 냥은 우리 배를 끌어다 준 청국 배의 주인에게 주었고 나머지는 저희 비용으로 사용했습니다.

제가 없는 사이 상하이의 관리들은 저의 배에 부하를 보내어 여러 가지를 묻고 밤에는 파수꾼을 붙여 지켰습니다. 상하이 시장도 스스로 부하를 거느리고 배에 와 보고 가더니 쌀 두 섬과 소고기 스무 근을 보내 주었습니다. 제가 배로 돌아가 보니 수십 명의 청국인이 와서 살펴보고 갔다고 말하면서 일행이 모두 매우 걱정했습니다. 제가 배로 돌아온 것을 안 관리들은 또 부하를 보내어 이곳에 온 이유와 각자의 성명, 주소, 나이 등을 물었습니다. 저는 간단히 대답한 후 사람을 보내어 제발 저희를 귀찮게 하지 말라고 말한 뒤 쌀과 고기를 도로 가져가 달라고 부탁했습니다.

저도 여러 가지 귀찮은 일을 처리하기 위해 두 번이나 관청을 찾아갔습니다. 관리들은 장관에게 자세히 보고했지만 일찍이 프랑스 함대장 세실과 만났을 때 제 얘기를 들은 그 장관은 제가 상하이에 머무는 동안에는 마음대로 할 수 있게 허가하라고 그들에게 명령했습니다. (하략)

이 편지에 잘 나타나 있듯이 상하이 항구에 배가 정박해 있을 때 청국인의 지나친 관심이 부담을 주었지만 큰 탈 없이 주교를 기다릴 수 있었다.

마침내 페레올 주교가 상하이에 온 날, 김대건을 위시한 조선인 교우들은 기쁨의 눈물을 흘리며 주교 일행을 맞이했다. 페레올 주교는 반갑게 맞아 주는 이들을 위해 기도를 드렸다. 이들 한 사람 한 사람에게 묵주반지를 끼워 주면서 강복을 빌어 주었다.

"정과 사랑이 넘치는 천주여! 우리가 모두 무사히 만날 수 있게 보살펴 주셔서 감사합니다. 앞으로의 여정에도 천주의 가호가 이어지기를 비나이다."

페레올 주교는 상하이를 떠나기 전에 김대건에게 한 가지 일을 해주려 마음먹었다. 그 전해 겨울 사오바츠자에서 김대건의 나이가 모자라 주지 못했던 탁덕鐸德 성품聖品을 이제 나이도 찼으니 주고 싶었던 것이다. 이 성품을 받으면 사제가 되고 마침내 '김대건 신부'가 된다.

김대건 신부를 천주교에서는 '수선 탁덕'이라고 부른다. 수선首先은 '가장 먼저'라는 뜻이고 탁덕은 '사탁'司鐸이라고도 하는데, '천주교회의 사제'를 뜻하는 중국식 표현이다. 그러므로 수선 탁덕이란 김대건 신부가 모든 조선인 가운데 가장 앞서고 특별히 뛰어난 사제임을 가리키는 말이다.

상하이 부두의 밤이 깊어가고 있었다. 사방은 쥐 죽은 듯이 고요한데 잠 없는 물고기의 물 치는 소리가 가끔 적막을 깨뜨렸다. 항구에 닻을 내린 무수한 배 — 그 배의 모든 사람이 곤히 잠든 깊은 밤이었다. 조선에서 온 배 안에 있는 이들만은 모두 깨어 각자 정해진 자리에서 무거운 침묵에 잠겼다. 오랜만에 주교를 모신 조선 교우들이 성사聖事를 준비했다. 조선인 최초의 신부가 탄생하는 순간이었다.

김대건은 이 크고 거룩한 성품을 받으려 며칠 동안 혼자서 모든 정성을 다해 기도를 올렸다.

2001년에 철거된 긴가함 성당

　"주여, 당신의 존엄하심을 생각하고 나의 비천함을 생각하면 심히 떨리고 심히 부끄럽습니다. 무릇 내가 당신께 나아가지 아니하면 생명을 피함이 되고 그렇다고 합당치 않게 나아가면 당신의 마음을 상하는 것이 됩니다. 그러하니 내 천주여, 나를 도우시는 이여, 어려운 때에 저를 가르쳐 주시는 이여. 앞으로 제가 무엇을 하오리까."

　드디어 김대건의 신부 서품식이 1845년 8월 17일 주일날 상하이 근처에 있는 긴가함Kinkaham, 金家巷이라는 이름의 작은 성당에서 페레올 주교의 집전으로 거행되었다.

김대건은 이날 이후 사제 복장을 하고 미사를 집전했다.
문학진이 1983년에 그린 김 안드레아 유화(명동 성당 소장).

서양인 신부 네 사람, 중국인 신부 한 사람, 그리고 조선에서 바다를 건너간 일행과 그곳 신도들이 함께 모여 올린 간소한 예식이었다. 우리나라 천주교 역사상 길이 기억될, 조선인 최초의 뜻깊은 사제 서품식이었다.

10년을 하루같이 온갖 시련 속에서도 뜻을 굽히지 않고 성덕을 쌓은 것은 어쩌면 오늘의 이 영광을 위한 준비작업이었는지 모른다. 그러나 김대건 신부에게 이제까지 걸어온 길보다 더 어려운 시련의 바다가 놓여 있음을 그도 누구도 알 수 없었다.

'이제 제 목숨을 관장하는 것은 오로지 주 하느님입니다. 천주여! 제가 천주의 쓰임을 받는 훌륭한 사제가 되게끔 늘 보호하시고 보살펴 주소서.'

이제 그는 조선으로 가서 천주의 은총이 온 나라에 퍼질 때까지 죽음을 무릅쓰고 전교해야 했다. 조선인 신부가 탄생하기를 간절히 기다려 온 교우에게 돌아가 천주의 복음을 삼천리 방방곡곡에 골고루 펴야 했다.

김대건 신부는 새롭게 서품된 그다음 주일날, 즉 8월 24일에 첫 미사를 집전했다. 상하이에서 삼사십 리 떨어진 완담Wandam, 萬堂 신학교 성당에서 다블뤼 신부의 보좌로 미사를 올린 것이다. 조선인 신부의 손으로 천주께 미사를 드린 것은 이때가 처음이다.

살기 위해 라파엘호를 버리고

김대건 신부가 페레올 주교와 다블뤼 신부27를 모시고 조선을
향해 떠난 것은 1845년 8월 31일이었다. 조선에서 떠나올 때
12명이 탔었는데 이제 두 사람이 더 탔으니 승객은 모두 14명
이었다. 그동안 배는 말끔히 수리되었다. 상하이에 올 때 풍랑
을 만나 엄청나게 고생했는데 귀국길은 무사할지, 그저 천주
님의 가호를 빌 뿐이었다.

페레올 주교는 배의 이름을 '라파엘'이라고 붙였다. 긴 여행
도중 수호천사 라파엘의 보호를 받고 싶은 염원이 담긴 이름
이었다.

페레올 주교는 조선에 들어가기까지 항해한 여정을 파리 외
방전교회 신학교 교장에게 상세하게 적어 보냈다. 긴 편지의
일부를 소개한다.

---

27 다블뤼(Marie Nicolas Antoine Daveluy, 1818~1866) 신부는 프랑스 파
리 외방전교회의 선교사로 조선에 와서 21년 동안 복음을 전파했다. 한
국명은 안돈이(安敦伊). 병인박해 때 베르뇌 주교가 체포되어 3월 8일
에 참수되자 그 뒤를 이어 제5대 조선교구장이 되었다. 하지만 교구장
으로 임명된 3일 후인 11일 충청도 보령 내포에서 체포되어 가혹한 고문
끝에 3월 30일에 참수되었다.

이튿날 우리는 강의 어귀로 나와 랴오둥으로 향하는 중국 교우의 배를 만났는데 거기에는 몽골로 가는 라자이스트회 전교신부 페브르가 타고 있었습니다. 그 중국인 교우는 우리 배를 산둥으로 끌어다 주기로 약속했습니다. (중략)

처음에는 우리 항해가 비교적 순조롭게 진행되었습니다. 그러나 얼마 안 되어 돛대 위에 불던 순풍은 그치고 우리의 가냘픈 배에 비해 너무도 맹렬한 폭풍이 습격하여 태산 같은 파도가 시시각각으로 배를 삼킬 듯이 덤벼들었습니다.

하루 동안은 아무런 피해 없이 이 파도의 습격을 견디어 냈으나 이튿날 밤에는 우리 배의 키가 부러지고 돛이 찢어졌습니다. 겨우 중국 배에 끌려가던 중 풍랑이 닥칠 때마다 배 안으로 물이 흘러들어 한 사람은 계속 물을 퍼내기에 정신이 없었습니다. 오! 우리가 지낸 그 밤은 얼마나 참담하던지요.

새벽에는 김 신부가 공포에 질려 커다란 소리로 외쳤습니다. 내가 다블뤼 신부와 함께 급히 자리를 옮기는 순간 우리가 앉았던 자리의 송판이 우지끈 소리를 내며 무너졌습니다. 만일 우리가 그 자리에 조금만 더 앉아 있었더라면 그만 깔려 죽었을 것입니다.

김 신부는 중국인 선장에게 중국으로 향하지 말고 조선으로 방향을 돌리라고 소리를 질렀으나 요란한 파도소리에 묻혀 아무런 반응도 없었습니다. 그래서 우리까지 합세하여 크게 소리를 질렀더니 그제야 사공 한 사람이 배 위에 나타났으나 우리의 말이나 신호를 전혀 알아차리지 못했습니다.

이런 위험 속에서도 김 신부는 우리(두 외국인 신부)만은 조선 배를 떠나 중국 배로 옮겨 타는 것이 지혜로운 일이라고 권했습니다. 자기와 다른 사람들은 중국으로 갈 수 없는데 조선과 청나라가 체결한 조약에 의해 베이징으로 압송되며 거기서 조선으로 넘겨지면 분명 참혹한 죽음을 면할 수 없다는 것이었습니다. 그러니 자신들은 아무리 풍랑이 심할지라도 바다로 가는 편이 덜 위험하다고 하면서 주교는 조선교회를 위해 생명을 보존해야 한다고 주장했습니다.

이렇게 우리를 위해 모든 위험을 무릅쓴 이 사람들과 이별한다는 것이 얼마나 혹독한 고통이었겠습니까? 그러나 이런 급박한 지경에서는 그들의 의견을 따를 수밖에 없다는 생각이 들었습니다.

그리하여 앞서가는 중국 배에 신호를 보내 두 배를 접근하게 하고는 우리 두 사람이 그 배로 옮겨 타고 싶다는 뜻을 표시했습니다.

그들은 두 배의 거리를 더 가깝게 한 후 밧줄을 던져 주었습니다. 우리는 한 가닥씩 붙잡아 허리에 매려고 했으나 갑자기 불어온 풍랑이 두 배를 연결한 줄을 끊어 버렸습니다. 성난 물결이 제 마음대로 우리를 까불렀습니다.

사공들은 다시 밧줄을 던져 주었으나 우리는 그 줄을 붙잡을 수 없었을 뿐 아니라 배는 이미 바람에 밀려 중국 배와의 거리는 더더욱 멀어지고 말았습니다.

우리가 손을 들어 그들에게 하직인사를 하려고 하자 그들은 다시 가까이 다가와 한 번 더 줄을 던졌습니다. 그러나 모두가 헛일이었습니다. 그들은 거듭 가까이 다가오려 애썼으나 결국 모든 노력은 물거품이 되고 말았습니다.

도저히 성공할 수 없다고 생각한 그들은 잘못하다간 자기 배도 침몰할 위험이 있다고 여겨 그만 제 갈 길로 가고 말았습니다. (중략)

이제는 키도 없고 돛도 없는 우리 라파엘호 한 척만 성난 파도 한가운데에서 떠돌았습니다. 소용돌이치는 배에 있는 우리의 가슴속의 동요가 어떠했을지 생각해 보십시오.

벌써 배 안에는 물이 그득하게 괴기 시작했습니다. 우리는 돛대까지 베어 버리기로 결정했으나 지난번처럼 돛대를 아주 내버리지는 말고 뱃전에 붙들어 매자고 했습니다.

돛대를 찍는 도끼소리가 내 귀에는 처참하게 들렸습니다. 마침내 돛대가 넘어지면서 약한 뱃전을 부수고는 물로 떨어졌습니다. 배가 약간 흔들리기는 했으나 돛대를 다시 끌어올려 뱃전에 붙들어 맬 수 있었습니다.

이윽고 지칠 대로 지친 사람들은 앞날을 준비할 생각도 하지 않고 배 안에 들어가서 잠깐 기도하고 나더니 누워 잠을 청했습니다.

김대건 신부 일행이 이렇게 온갖 고생을 하며 거의 한 달 만에 다다른 곳은 원래 목표로 했던 한강 포구가 아니라 한참 남

'제주도 표착 기념 성당' 용수 성지 표지판

쪽인 제주도 앞바다였다. 뭍이라고 좋아한 것도 잠시였다. 앞
으로도 갈 길이 1천여 리나 남아 있었으니 이들의 놀라움과 비
참한 심정은 어느 정도였을까.

이들은 자신들이 엉뚱한 곳에 내려 커다란 어려움에 부닥쳤
다고 생각했으나 사실 그때 한강을 통해 한성에 도착했더라면
곧바로 체포되고 말았을 것이다. 오히려 운이 좋아서 제주도
에 당도한 터였다. 하지만 목적지를 한성으로 잡고 상하이에
서 출발한 배가 엉뚱하게 제주도에 왔으니 다시 뱃길을 돌려야
만 했다. 배 일부를 수리하고 물과 식량을 보충한 뒤 뱃머리를

기념관 내의 라파엘호 모형

북으로 돌렸다.

뒷날 안 일이지만 영국 배 한 척이 조선에 나타난 사건을 문제 삼은 조선의 조정에서는 한강 일대와 전국의 포구에 배가 들어오는 족족 엄밀히 수색했다.

물이 스며들어 바다에 떠 있기가 곤란했던 라파엘호는 닻줄마저 거의 끊어질 지경이었다. 그래서 이들은 논산 근처 강경포 어귀에 닻을 내리기로 목표를 정하고 계속 북으로 방향을 잡아 나아갔다. 그곳에는 몇 해 전에 입교한 교우가 몇 사람 살고 있어 도움을 받을 작정을 했다.

거기까지 가는 데에도 온갖 위험을 겪으면서 보름이나 걸렸다. 물살이 빠른 데다가 줄곧 역풍까지 불었다. 도처에 암초가 있어서 배가 여러 번 바위에 부딪혔고 모래에 처박혀 꿈쩍 안 한 적도 있었다. 엉뚱하게도 배가 바닷길을 벗어나 만으로 들어가 버려 길을 잃고 당황하여 육지에 내려 여러 번 길을 묻기도 했다.

강경포에서 조금 떨어진 황산포에 닻을 내린 것은 제주도를 떠난 지 딱 2주일 만인 10월 12일이었다.

은밀하게 전개한 포교활동

이들은 가능한 한 몰래 배에서 내려야 했으므로 사람을 보내어 그곳 교우들에게 김대건 일행이 도착했다는 사실을 알렸다. 그랬더니 밤에 교우들이 찾아왔다.

그들은 일행이 상복을 입고 내리는 것이 가장 안전하다고 생각하여 굵은 삼베로 지은 옷과 대나무로 만든 큰 모자를 내밀었다. 모자는 어깨까지 덮는 커다란 것으로 그 모양은 마치 반만 열린 우산 같았다.

그리고 손에는 막대기 둘을 쥐여 주었다. 그 두 막대기 사이

심리 성지에 있는
다블뤼 신부의 동상

에는 사람의 눈을 피하여 얼굴을 가릴 만한 헝겊이 달렸다. 발
에는 삼으로 엮은 신발을 신었다. 이렇게 변장을 마친 뒤 교우
들은 페레올 주교와 다블뤼 신부를 업고 어두운 밤길을 걸어
마을로 들어갔다.

신부들이 머무른 집은 흙으로 쌓아 짚으로 덮은 초라한 오두
막집이었다. 방은 문과 창의 구별도 없었고 천장은 너무 낮아
사람의 머리가 닿을 정도였다.

부엌에는 솥 하나가 걸렸다. 아궁이에 불을 피워 밥을 짓는
모습이 외국인의 눈에는 신기하게 비쳤다. 방은 따뜻한 온돌

소박하게 지어 놓은
다블뤼 신부의 주교관

이었지만 의자도 책상도 없었다. 이 초라한 방이 외국인 주교
와 신부가 사목司牧 일을 할 사무실이었다.

페레올 주교와 다블뤼 신부가 강경에 잠시 머무르는 동안 김
대건 신부는 먼저 한성으로 가서 그분들을 모셔올 준비를 했다.

그 이듬해 정월, 김대건 신부의 안내로 페레올 주교와 다블
뤼 신부가 한성으로 들어왔다. 한성에 도착한 페레올 주교는
성을 조선식으로 '고'로, 다블뤼 신부는 '안'으로 정했다.

한성의 교우들은 7년 전에 주교와 신부를 모두 잃고 그동안

풀이 죽어 지내다가 이제 주교와 신부를 한꺼번에 모시자 새삼 활기를 띠었다. 더구나 조선 사람인 김대건이 신부가 되어 돌아왔으니 축제 분위기에 들떴다. 페레올 주교와 다블뤼 신부는 이런 분위기 속에서 잠시도 쉬지 않고 복음을 전했다.

김대건 신부도 은밀히 돌아다니며 포교활동을 했다. 1845년 11월부터 한성과 지방을 오가며 세례도 해주고 미사도 집전하는 등 신부로서의 책무를 다하며 분주한 나날을 보냈다. 그러던 중 김대건은 비로소 고향 땅을 밟았다.

고향의 품에 10년 만에 안기다

소년시절 신학생이 되기 위해 고향을 떠난 지 딱 10년 만의 귀향이었다. 한국 최초의 신부가 되어 내려온 고향. 과거에 급제하여 벼슬아치가 된 것은 아니므로 금의환향이라고 할 수는 없겠지만 어머니로서는 꿈에 그리던 아들을 만난 것이다.

페레올 주교가 김 신부에게 고향 이웃마을인 은이에 내려가라 명하여 이 일이 이루어졌다. 은이는 김대건이 살았던 골배마실의 바로 옆 동네이므로 겨우 몇 달 동안이나마 김대건은 어머니와 함께 살 수 있었다.

어머니 고 우르술라는 뼈만 앙상하게 남은 모습이었다. 남편을 잃은 뒤 거지가 되어 목숨만 이어 오느라 꼴이 말이 아니었다.

"어머니, 재복입니다. 절 받으세요."

어머니는 처음에는 아무 말 없이 눈물만 흘렸다. 지난 10년 동안 온갖 어려움을 다 겪으면서도 아들을 만나고 죽어야겠다는 신념으로 버텨 온 어머니가 흘리는 인고의 눈물이었다. 김대건도 어머니를 꼭 껴안고 흐느껴 울었다.

김대건 신부의 마음은 쓰라림과 반가움, 죄스러움과 서러움으로 범벅이 되어 어떠한 위로의 말도 쉬 나오지 않았다. 단지 어머니의 손을 잡고 "어머니, 죄송합니다" 하는 소리만 연발할 뿐이었다.

"우리 재복이가 신부님이 되어 돌아왔구나. 이 어미는 이제 죽어도 여한이 없다."

어머니의 눈물은 자랑스러운 아들에 대한 기쁨의 눈물이기도 했다.

"어머님, 우리 집안은 대대로 순교를 영광으로 알고 살아왔어요. 훗날 하늘나라에서 우리는 아버님과 영원히 함께 살 수 있을 거예요."

김대건 신부는 머리카락이 온통 하얗게 세고 초라하게 늙은 어머니의 모습을 보면서 더욱 굳게 결심했다.

복원한 김대건 생가인데 너무 크고 번듯하게 지었다.

'그래, 더 열심히 일하자. 내가 열심히 전교활동을 하는 것만이 억울하게 돌아가신 조상님과 임종도 못한 아버님의 명복을 빌어드리는 길이다. 또한 이것만이 어머니를 위로해 드리는 길이기도 하다.'

어머니의 말씀을 듣고 보니 김대건 집안의 순교자는 3대에 걸친 3명만이 아니었다. 당고모와 조카까지 합치면 무려 7명의 순교자가 나왔는데 김대건은 외국에 나가 있느라 이 사실을 몰랐다. 한 집안에 7명의 순교자는 결코 적은 숫자가 아니었다.

'하느님을 믿는 것이 죄가 되는 이 나라에서 앞으로 얼마나 더 희생자가 나와야 할까.'

김대건은 초기 기독교를 생각해 보았다.

'카타콤에 숨어서 노래를 부르고 성경을 읽었던 로마시대의 신앙인은 훨씬 많이 죽지 않았던가. 수도 없이 죽었지만 로마가 기독교를 인정하는 날이 오고야 말았지. 나의 이 시련도 끝나는 날이 올 거야.'

김대건은 신부로서 경기도 용인에 있는 은이 공소(작은 교회)를 기점으로 하여 조심스럽게 전교활동에 나섰다. 1846년 정월부터 3월까지 은이, 텃골, 은다리 등의 마을과 한성 남대문 바깥 돌우물, 서빙고, 미나릿골 등을 두루 돌아다니며 전교했다.

그해 4월에는 고향을 떠나 한성으로 거처를 옮겼다. 남편을 잃고 먼 나라로 유학을 떠난 아들을 그리다가 늙어버린 어머니와 또다시 이별해야 하는 김 신부의 마음은 슬픔으로 찢어지는 듯했다. 그러나 한 어머니의 자식보다는 만인의 목자가 되어야 한다는 생각에 거처를 옮기기로 했다.

신앙심 깊은 어머니도 아들의 마음을 이해해 주었다. 헤어질 때는 담담하게 아들의 앞날을 축복했다.

"내 걱정은 말아라. 힘들 때는 네 아버지를 생각하거라. 기운이 날 게다. 천국에서 너를 자랑스럽게 여기고 계실 거야."

1846년 4월 8일, 이날 김 신부는 골배 마실에서 미사를 드리고 한성으로 올라갔다. 그런데 이것이 최후의 미사가 될 줄 그 누가 알았을까. 또한 고 우르술라도 성모 마리아처럼 아들의 죽음을 먼저 겪게 된다. 고 우르술라는 자식의 죽음을 직접 목 격하지 않고 전해 듣게 되는 것이 다르지만.

제 6 장

순교하여
한국 천주교의
별이 되다

순위도 근처에서 체포되다

김대건 신부는 페레올 주교, 다블뤼 신부와 더불어 합심하여 열심히 전교활동을 폈다. 그 덕분에 교우는 늘어났지만 사제의 손길은 늘 모자랐다.

"김 신부, 아무래도 중국 사오바츠자에서 계속 기다리는 최양업 부제와 메스트르 신부를 이곳으로 모셔와야겠어요."

"저도 같은 생각입니다만 입국방법이 문제입니다."

"이번에는 육로를 이용하는 게 어떻겠습니까."

"안 됩니다. 육로는 훨씬 더 위험해요."

"그렇지만 라파엘호 같은 배로 모셔올 생각은 하지 마시오."

두 사람은 마주 본 채 빙그레 웃으며 잠시 지난날의 모험을 떠올렸다.

김 신부는 교인과 의논하여 한 가지 방법을 생각해 냈다. 그 시절에는 해마다 3월이 되면 중국의 고기잡이배가 고기 떼를 따라 연평도 앞바다까지 왔다가 5월에 돌아가곤 했다. 그 어부들 편에 편지를 전해 최양업 부제와 다른 서양신부들이 조선에 들어오게끔 하자는 계획을 세웠다. 페레올 주교도 이 계획이 최선의 방책이라며 적극 찬성했다.

그래서 김대건 신부는 신도 7명과 함께 1846년 5월 14일에 또다시 뱃길에 올랐다. 열하루 만에 연평도에 도착하기까지 김 신부는 서해안 일대의 해안지도를 낱낱이 그렸다. 후일 최 부제 등이 들어올 때 편리한 장소를 선택하기 위해서였다.

연평도에서는 장사하는 배 흉내를 내려고 생선과 소금을 샀다. 중국 어선이 백령도 일대에 모여 있다는 소문을 듣고 백령도에 도착한 것은 5월 28일이었다. 거기에서는 정말 중국 어선 1백여 척이 모여 고기를 잡느라 분주했다. 김대건 신부는 문득 이런 생각이 들었다.

'우리 바다인데 저 사람들이 고기를 다 잡아가면 우리는 뭘 먹지?'

그 당시 조선은 중국인의 고기잡이는 허락하되 상륙은 절대 허락하지 않았다. 밀무역을 막고 두 나라 간에 마찰이 없도록 하기 위한 예방조처였다. 해안 언덕마다 감시소가 있어 중국 배들을 감시했다.

29일 저녁, 김 신부는 감시의 눈길을 피해 어느 중국 어선에 올랐다. 유창한 중국어로 선장을 설득하면서 두둑한 사례금도 건넸다. 선장은 고개를 끄덕이며 염려 마시라고 했다. 김 신부는 페레올 주교와 자신의 편지 등 여섯 통의 편지와 함께 오는 도중에 그린 서해안 지도 두 장을 주면서 잘 전해 달라고 부탁했다.

1846년 6월 5일, 연평바다의 고기잡이도 거의 끝날 무렵이었다. 편지와 지도를 전하고 뱃머리를 한강 어귀 쪽으로 곧 돌렸더라면 김대건 신부가 잡히는 순간이 늦춰질 수도 있었을 것이다. 그런데 황해도 남단에 있는 순위도라는 섬에 배를 댄 것이 결과적으로 보면 큰 실수였다.

이 섬에 여러 날 머무른 이유는 두 가지였다. 사공들이 연평도에서 산 생선을 순위도에서 팔려고 했으나 여의치 않아 소금에 절여 말리기로 했다. 생선이 금방 마르지 않아서 예상치 못하게 여러 날 머무르게 되었다.

또 배에 오른 신도 중 한 사람인 베난시오가 예전에 박해를 두려워하여 어떤 사람의 집에서 7년 동안 숨어 지낸 적이 있었다. 그때 몸을 숨겼던 집에 맡긴 돈을 찾으러 간다기에 김 신부는 이를 허락한 뒤 기다리기로 했다.

일의 발단은 베난시오에게 있었던 것이 아니라, 그가 떠난 뒤 순위도의 관리대장(관장)이 부하 포졸들을 데리고 나타나 김 신부 일행이 타고 온 배를 빌려 달라고 요구한 데 있었다. 부탁하는 입장이면서도 나랏일이니 징발하는 것이 당연하다는 듯 큰소리를 뻥뻥 쳤다. 중국 배를 쫓는 데 필요하니 당장 내놓으라고 으름장을 놓았다.

"안 됩니다. 저희 배는 잠시 머무는 중입니다. 곧 떠나야 합니다."

당시 조선의 풍속에 의하면 양반의 배는 나라에서 함부로 징발하지 못했으므로 김대건 신부는 당연히 거절했다. 배를 내주었다가는 교인들 앞에서 자신의 위신을 잃는 것은 물론이요, 이후에 다시 왕래할 때에도 만만하게 보일 것이라는 생각이었다. 그런데 이것이 큰 실수였다. 이들은 사실 뇌물을 바라고 행패를 부린 것이었다. 하지만 이들이 돈을 받으면 술에 절어 기생들과 질탕하게 놀 것이 뻔한데 성직자가 이들에게 돈을 내줄 수도 없었다.

　포졸들은 김대건 신부에게 욕설을 퍼붓고 배 주인인 임성룡 林成龍을 잡아갔다. 이들은 저녁이 되자 다시 찾아와 이번에는 뱃사공 엄수嚴秀를 또 관가로 끌고 갔다.

　옹진지역의 치안을 맡은 첨사 정기호鄭基鎬는 사공들을 문초하며 저렇게 뻣뻣하게 구는 양반이 도대체 어떤 인물이냐고 꼬치꼬치 캐물었다. 제대로 실토하지 않자 끔찍한 고문을 했다. 잡혀간 사공들은 모시고 온 양반이 신부라는 사실은 끝내 말하지 않았으나 그중 한 사람이 유도신문에 걸려 자신의 할머니가 천주교인이라는 사실을 말하고 말았다. 가족 중 천주교인이 있으면 본인도 천주교인일 거라고 단정하고 더욱 가혹하게 고문했다. 비명이 관가 마당을 쩌렁쩌렁 울렸다.

　정기호는 김대건이 조선에 와서 포교하려는 중국 천주교의

밀랍으로 만든 주리틀기 고문 장면(왼쪽)과 가위주림 고문 장면(오른쪽)

지도자일지도 모른다는 의심을 했다. 그는 곧바로 포졸을 풀어 김대건 신부 일행을 잡아들였다.

포졸들은 배로 몰려와 사람을 가리지 않고 발로 차며 주먹으로 때리고 망치로 내리쳤다. 이렇게 정신을 빼놓고 배에서 내리게 한 뒤 옷을 벗기고는 계속해서 마구 때렸다. 잡아 온 것은 첨사 정기호였지만 본격적 심문은 섬의 책임자이기도 한 옹진군수가 직접 했다. 그는 공을 세울 생각으로 유도신문을 시작했다.

"왜 중국인이 조선에 와서 포교하려 드느냐? 너희 나라에서나 하지."

김대건은 다른 이에게 피해가 안 가게 하려고 입을 굳게 다물었다.

"안 되겠다. 밤이 깊었으니 내일 심문을 마저 하겠다."

포졸이 말했지만 구경꾼들은 감옥 앞을 떠나지 않았다. 김 신부는 이들에게 교리를 차근차근 설명해 주었다. 신부를 손 가락질하던 이들의 표정이 점점 진지해졌다. 신부의 이야기를 한참 흥미진진하게 듣던 이들은 나라에서 금하지만 않는다면 자기들도 믿겠다는 말을 남기고 돌아갔다.

포졸이 신부의 봇짐에서 중국산 물건을 찾아낸 것이 문제가 되어 엉뚱한 오해를 샀다. 신부는 닷새 후 해주 감영으로 송치 됐다. 군수의 보고를 들은 황해(해주) 감사 김정집金鼎集은 운 좋게 큰 죄인을 잡았으니 공을 세울 절호의 기회가 왔다고 내 심 기뻐하며 신부를 끓어앉혔다.

해주감사는 다음날 김 신부를 직접 문초했다.

"너는 중국인이냐?"

"예, 중국인 우대건이오."

"중국 어느 곳에서 왔느냐?"

"나는 중국 마카오에서 죽 살았소."

"조선말을 기막히게 잘하는구나."

해주감사는 계속해서 심문하고 답을 듣는 과정에서 생각이 바뀌었다. 김대건은 중국인이 신는 버선을 신었고 소지한 물 건들도 중국의 것이어서 조선인으로 변장한 중국인이라 확신 했다. 그래서 이 중국인은 자신이 처리할 대상이 아니라는 생각이 들었다.

"중국에서나 포교활동을 하지 왜 조선에 들어와서 민심을 교란하려 드느냐?"

"천주님 말씀을 전하는 일에 국적이 따로 있을 수 없소. 모든 이가 평등하며 믿음만 가지면 다 천주님의 자식이 될 수 있소."

"이놈이 계속해서 혹세무민惑世誣民하겠다고 하는구나. 천주를 버린다고 맹세하지 않으면 온갖 형벌을 내릴 것이다."

화가 난 감사가 위협하자 김 신부는 벌떡 일어나 고문도구가 있는 곳으로 달려가더니 그것들을 감사의 발 앞에 던지며 외쳤다.

"마음대로 하소서! 나는 모든 준비를 했으니 속히 치소서. 당신의 어떤 형벌도 두려워하지 않소이다."

김대건 신부가 '나'라고 하는 말을 듣고 포졸과 감사의 하인들이 곧바로 다가왔다.

"무엄하다! 감사영감 앞에서는 모두 다 소인小人이라고 말해야 하는 법이다."

"당치않은 소리 하지도 마시오. 나는 대인大人일 뿐만 아니라 누구 앞에서도 나를 지금까지 소인이라 말한 적이 없소."

해주감사는 이런 일들을 보고서에 상세하게 담아 조정에 올렸다. 이 보고서를 받은 조정은 발칵 뒤집혔다.

1846년 6월 14일, 제일 높은 세 정승이 모여 회의를 열었다. 그리고 프랑스인 신부를 참형으로 다스렸듯 이 중국인 신부도 마찬가지로 벌을 내려야 한다고 결론을 내렸다. 이들은 주문모 신부가 죽었으므로 중국인 제 2의 신부를 보낸 것으로 생각했다.

세 정승의 보고를 받은 당시의 임금 헌종은 어전회의를 열었다. 헌종은 일단 제대로 문초해 보아야 정체를 알 수 있으므로 김대건 신부를 한성으로 올려 보내라고 명했다.

해주감사의 보고서 때문에 한성으로 잡혀가던 도중 김대건 신부는 엉뚱하게 중국인으로 소문이 났다. 외국인 신부가 잡혀간다는 말을 듣고 많은 사람이 신부 일행을 구경하려고 몰려들었다. 특히, 김대건 신부는 중죄인으로 여겨져 붉은 포승줄로 묶이고 머리에는 검은 자루가 씌워졌다. 김대건 신부는 길을 걷기가 더욱 불편했다.

한성에 압송된 후 김대건 신부는 무려 40차례나 포도청 심문관에게 끌려가 진술을 했다.

한성으로 압송 그리고 배교의 유혹

김대건 신부 일행은 포도청 군관 6명과 군사 4명의 특별호위 속에 18일 해주에서 출발했다. 쉬지 않고 걸어서 3일 만에 한성에 당도했고 의금부 포도청에 투옥되었다. 해주감사 김정집은 김대건 일행이 압송되는 동안 김 신부가 중국 배의 선장에게 부탁한 편지를 결국 찾아내 조정에 보냈다.

김 신부가 쓴 편지에는 여러 장의 조선 지도가 들어 있었다. 육로로 오건 해로로 오건 조선에 들어오려면 꼭 지녀야 할 지도였다. 페레올 주교가 국내로 무사히 들어오기 위해 지니고 있기를 바라 김대건 신부가 그려 만든 지도가 편지에서 나오자 조정은 또다시 발칵 뒤집혔다. 항로를 그린 지도는 중요한 군사기밀이기도 했기 때문이다.

김 신부는 6월 20일부터 7월 19일까지 포도청에서 도합 여섯 차례 문초를 받았고 40회의 진술이 있었다. 김 신부는 심문 첫날 여섯 번째 진술에서 비로소 자신이 중국인 우대건이 아니라 '용인 태생'[28] 김대건이라고 밝혔다.

---

[28] 김대건 신부의 이 '용인 태생' 진술 때문에 김 신부의 고향이 '솔뫼'가 아니라 '용인'이라고 주장하는 학자들이 생겨났다.

"다시 한 번 묻는다. 중국에서 살던 네가 국경을 몰래 넘어 와서 조선을 정탐하려는 이유가 무엇인가?"

"나는 조선인 신부 김대건 안드레아다. 외국인 신부가 다 처형당하고 없어서 조선에는 믿는 사람에게 세례를 주고 미사를 집전할 사람이 없다. 그래서 내가 들어온 것이다. 나라에 해를 끼칠 생각은 추호도 없다. 그저 천주의 복음을 전하고 세례를 줄 뿐이다."

한성의 포도청에서 심문을 받으면서 중국인이라는 오해는 바로 풀렸다. 이때 문초를 담당한 심문관인 포도대장 임성고任 聖皐는 1839년 기해박해 때 김여삼金汝三이라는 사람을 통해 이미 김대건 신부가 마카오로 떠난 세 소년 중의 한 사람임을 알고 있었다. 그리고 같이 잡힌 사공도 그 사실을 이미 실토했기 때문에 김 신부는 변명해도 소용없음을 깨달았다.

"맞소. 내가 바로 그 세 소년 중 하나인 김 안드레아요."

포도대장의 심문내용은 주로 그간의 행적이었다. 김대건 신부는 다른 신부는 입에 올리지 않으면서 자신의 행적을 솔직하게 말했다. 공부하러 멀고 먼 마카오까지 가서 신부수업을 받았고 신부가 된 후에 고국에 돌아오기 위해 고생한 일을 모두 이야기했다. 포도대장 주변의 군관과 군사들은 김대건 신부의 조리 있는 말을 듣더니 혀를 차며 서로 귓속말을 했다.

"참으로 가엾은 젊은이로고!"

"어려서부터 온갖 고생을 다 했군."

"참형을 시킬 말한 중죄인은 아닌 것 같구먼."

김대건이 한 말들은 기록되어 보고서가 작성되었다. 이 보고서를 읽은 임금은 나이도 젊고 박학다식한 데다 자신의 행적까지 솔직하게 털어놓는 김대건 신부를 과연 처형할 필요가 있는가 하는 생각이 들었다.

"이번에는 천주를 배교하면 정상을 참작해 목숨은 살려 줄 수 있다고 한번 설득해 보도록 하라."

그러나 김대건 신부의 대답은 단호했다.

"임금 위에 늘 천주님이 계시니 당신을 공경하라고 명하십니다. 그분을 배반함은 큰 죄악이라 상감의 명령이라도 그것을 정당화하지는 못합니다."

포도대장의 이마에 주름이 모였다.

"그럼 교우들의 이름을 대라. 너를 국내로 안내한 사람도 있고 지금 너와 뜻을 같이하는 사람도 있을 게 아니냐."

"우리에게는 이웃 공경의 의무가 있고 천주께서는 사람을 사랑하라는 명을 내리셨기 때문에 그 사람들의 이름은 말할 수 없습니다."

옥중의 김대건은 조정 대신의 명을 받아 세계지도도 그리고 세계지리에 관한 글도 썼다. 의견은 둘로 나뉘었다. 외국에 가서 공부를 많이 한 학자이니 그의 재주를 아껴 살려두자는 이들이 있었고, 위험한 천주교인인 데다 사제이니 살려두면 사학을 널리 퍼뜨릴 터, 극형으로 다스려 모범을 보이자는 이들이 있었다. 세 정승이 모두 처형을 주장했기 때문에 후자가 압도적으로 많았다. 포도대장의 심문은 계속 이어졌다.

"이실직고하렷다. 또 어떤 서학쟁이와 모의를 하면서 다녔느냐? 주로 어디를 돌아다니며 서학을 전했느냐?"

"그렇소. 나는 천주교인이오. 천주님의 말씀을 전했을 뿐이오."

"네가 믿는 천주교를 한번 설명해 보아라."

"천주교가 진리이므로 믿습니다. 천주교는 내게 천주 공경하기를 가르치고 또 나를 영원한 천국으로 인도합니다. 천주님은 원수를 사랑하라고 했고 누가 왼뺨을 때리면 오른뺨을 내밀라고 했습니다."

이 대답에 포도대장은 주리를 트는 형벌로 응징했다. 주리틀기란 두 다리를 한데 묶고 사이에 두 개의 장대를 끼워 비트는 형벌이다.

"네가 배교하지 않으면 맞아 죽을 줄 알아라."

"마음대로 하시오. 그러나 나는 우리 천주를 배반할 수 없습니다. 우리 교의 진리를 알려거든 제발 내 말을 귀담아들으소서. 내가 공경하는 천주는 천지와 사람과 만물을 창조하신 자요, 착한 이를 상 주시고 악한 이를 벌하시는 분입니다. 따라서 누구나 다 그를 공경해야 합니다. 내가 천주 사랑함으로 인하여 이런 형벌을 당하게 하시니 진심으로 감사드립니다. 그리고 우리 천주께서 이런 은혜를 갚으사 당신을 더 높은 관직에 올리시기를 바랍니다."

이 말을 하자 포도대장을 비롯하여 모여 섰던 모든 사람이 배를 잡고 웃었다.

대장은 고개를 절레절레 흔들더니 여덟 자짜리 칼29을 가져오게 했다. 김대건 신부가 칼을 잡고 스스로 목에 쓰려 하자 관헌 마당은 또 한 번 웃음바다가 되었다.

김대건 신부를 웃음거리로 만든 대장은 이미 배교한 네 사공과 함께 김 신부를 옥에 가뒀다. 손발과 목, 허리를 어찌나 꽁꽁 묶었는지 김대건 신부는 잘 걸을 수 없음은 물론이고 더 이상 걸을 수 없을 만큼 지쳤을 때도 앉거나 누울 수조차 없었다.

포도대장은 자세한 보고서를 작성해야 했기에 천주교에 관해서도 이것저것 물었다. 김대건 신부는 이 기회를 이용하여

---

29 칼: 두꺼운 널빤지의 한끝에 구멍을 뚫어 죄인의 목에 씌우는 형구.

김미영 수녀가 만든 김대건 신부상

천주의 존재, 영혼의 불멸, 천당과 지옥, 죽음 후의 명복을 위하여 천주를 공경할 필요가 있음을 자세히 설명해 주었다. 납득할 수 있는 말은 한마디도 없었지만 김대건 신부의 학식과 인품에 고개가 절로 수그러졌다.

"네가 한 말이 그럴듯하지만 나라에서는 천주교를 금하니 어쩌랴."

포도대장은 천주교회의 운영상황과 교우들의 사정을 계속

해서 물었다. 이것은 다른 사람에게 피해를 줄 수 있어 김 신부는 아무 말도 하지 않았다.

사실은 김 신부와 함께 압송되었던 선주와 사공이 문초를 이기지 못하고 이의창(베난시오), 이재용(이재의 토마스), 이기원(이신규 마티아), 현석문(가롤로) 등을 이미 밀고했다. 그래서 죄상은 이미 다 밝혀진 상태였다.

대신 중 한 사람이 김대건 신부에게 영어로 된 지도책인 《지구전도》地球全圖를 번역하라는 명령을 내렸다. 어느 정도 번역을 했는지 자료가 남아 있지 않아 알 수는 없지만 그 대신은 김대건 신부의 어학실력을 인정하고 있었던 것이다.

김대건 신부는 물감을 구해다 여러 가지 색으로 두 장을 그려 그중 한 장은 임금에게 드리면 좋겠다고 말했다. 자신에게 선처를 베풀려고 한 임금에게 드리는 일종의 선물이었다.

그 뒤 김대건 신부는 또 한 대신의 명령으로 감옥에서 간단한 지리부도를 그리면서 나날을 보냈다. 그들은 김대건 신부를 대단한 지리학자로 인정하고 있었다.

김대건 신부를 어떻게 처리할까를 놓고 조정에서 한창 의견이 분분할 때 조선 사람들이 섬이라고 여길 만큼 큰 배 세 척이 나타났다. 갑자기 나타난 그 배들은 프랑스 군함이었고 그 안에는 세실 제독도 있었다.

군함 출현은 바닷가 마을 사람들만 놀라게 한 것이 아니었다. 급한 소식을 접한 조선 조정에서도 연일 회의를 여는 등 사뭇 긴장하여 만일의 사태에 대비했다. 조정에서는 영국이 청나라에서 그랬듯 무력을 앞세워 배상금을 요구하고 불평등 조약을 맺으려 드는 것을 가장 겁냈다.

김대건 신부는 옥졸을 통해 프랑스 군함이 조선에 왔다는 소식을 듣고 자신들이 곧 석방될 것으로 생각했다. 그래서 같이 갇힌 교우에게 이렇게 말했다.

"우린 이제 죽지는 않을 것 같소."

"무슨 연유로 그렇게 말씀하십니까?"

"프랑스 배가 들어왔는데 페레올 주교와 다블뤼 신부께서 그 해군들에게 우리 일을 말씀 안 하셨을 리 없소. 그리고 나는 그 해군대장을 잘 아니 틀림없이 우리를 구원해 주실 것이오."

김대건 신부는 과거에 세실 제독의 통역관 노릇을 한 적이 있어 그와 상당한 친분이 있었다. 김 신부가 처한 급박한 사정을 만일 제독이 알았더라면 그를 구하기 위해 여러 방면으로 힘을 기울였을 것이다.

그러나 그때 세실 제독은 조선의 천주교회에 큰 불상사가 일어났음을 몰랐다. 페레올 주교는 프랑스 군함이 들어왔다는 말을 듣고 제독에게 편지를 보냈지만 그 편지는 군함이 떠난 후에야 그곳에 도착했다.

조선의 사정을 전혀 모르는 세실 제독은 조선 정부에 편지 한 장만 전하고는 며칠 만에 떠났다. 1년 후에 다시 오겠다는 말과 함께였다. 한문으로 쓴 그 편지의 내용이 지금까지 전해진다. 프랑스 선교사 앵베르, 샤스탕, 모방 세 사람을 죽인 것에 항의하는 내용이었다.

귀국貴國에서는 아마 외국인이 국경을 넘어 들어오는 것을 금하는 모양이오. 세 사람이 국경을 넘어 들어왔으니 벌을 받는 것은 마땅할 줄 아오. 그러나 가끔 국경을 넘어 들어오는 중국 사람이나 만주 사람, 일본 사람은 잘 보호하여 본국으로 돌려보내면서 우리 프랑스 사람들은 왜 그렇게 참혹하게 대했는지 물어보고 싶소. 게다가 신부님들이라 포교를 했지 귀국에 해를 끼친 일은 전혀 하지 않았는데 말이오.

그리고는 세실 제독은 자기 나라 사람 셋을 죽인 이유를 답변하라고 요구했다. 하나 마나 한 요청이었다. 답변서를 내년에 와서 찾아가겠노라고 엄중하게 경고하는 편지였지만 한 달 뒤 일도 모르는 터에 내년에 다시 와서 답변서를 받아가겠다고 하고는 떠나 버렸으니, 무책임한 내용의 편지였다.

결과적으로는 프랑스 함대의 출현이 김대건 신부의 처형을

서울대교구 명동 성당에 있는 김대건 신부상

앞당겼다. 헌종은 김대건 신부의 뛰어난 학식이 아까워 처형만은 피할 방법을 궁리하던 참이었다. 그러한 때 프랑스 함대의 출현과 항의편지는 조정 대신들의 분노를 불러일으켰다. 재앙의 불씨가 될 만한 인물을 하루빨리 제거하자는 여론이 자연히 들끓었다. 프랑스 함대의 등장과 퇴장이 김대건 신부의 처형에 결정적 영향을 주고 만 것이다. 김대건 신부가 체포된지 어언 3개월이 흐른 때였다.

배가 떠난 이후 어전회의가 또 열렸다. 의금부에서는 중죄인을 이미 여러 차례 심문했으니 더 물어볼 것 없이 형을 집행하는 것이 좋겠다고 의견을 냈다. 몇 달이 걸리는 재판과정을 거치지 않고 곧바로 처형하려는 대신들의 뜻에 따라 소집된 어전회의였으므로 그 결과는 뻔했다.

임금을 모시고 연 회의라 그 기록이 《일성록》日省錄과 《헌종실록》에 전해 내려온다. 영의정 권돈인, 우의정 박회수, 전 예조판서 조병현, 전 병조판서 김좌근 등 모든 원로대신은 김 신부를 빨리 처벌하여 국법을 엄하게 해야 한다고 주장했다.

이들이 엄벌을 주장한 이유는 김대건 신부가 법으로 금하는 천주교를 믿는다는 것보다는 본국을 등지고 외국에 나가서 산지 10년 만에 돌아왔다는 데 있었다. 즉, 나라의 문을 굳게 닫고 외국과 일절 왕래하지 않으려는 당시의 쇄국정책이 김대건 신부를 죽음의 길로 내몬 것이다. 동지사 같은 사신도 아니면서 국경을 넘었다는 것 자체가 큰 죄인데, 김대건 신부는 한두 번 넘나든 것이 아니었다. 나라의 허락 없이 한 번만 넘어도 엄벌을 받을 월경越境을 여러 차례 했으니 대신들은 열이 뻗쳤던 것이다.

"국법을 유린한 김대건은 대역죄인입니다."

"살려 주면 불국 함대에 연통해 무슨 고자질을 할지 알 수 없습니다."

"저렇게 육로와 해로를 잘 알고 있으니 청나라나 일본에 정보를 주면 큰일이 날 수도 있습니다."

대신들의 중론이 이러하자 헌종은 물었다.

"그래, 어떻게 처벌하면 마땅하겠소?"

영의정 권돈인이 이렇게 대답했다.

"죄인 김대건은 대역무도한 자이므로 의금부 심문과정을 최종적으로 거쳐야 마땅하오나 전에도 이런 죄인을 군문효수30에 부친 일이 많았으니 전례에 의하여 처벌함이 좋을 듯합니다."

다른 대신들의 말은 얼토당토않은 시나리오였다.

"불국 군함이 세 척이나 충청도 외연도 앞바다에 나타나서

---

30 군문효수(軍門梟首) : 죄인의 잘린 머리를 군영의 문에 높이 매다는 것.

174

우리를 협박하고 가지 않았소. 서학을 몰래 퍼뜨리던 저 김대건 같은 이가 내통하여 저들을 끌어들인 것으로 보오."

"바닷길을 그린 지도를 저들에게 미리 넘겨주어 수월하게 들어온 것이 아니겠소?"

"김대건을 더욱 엄중히 문초하여 이 일을 캐보도록 합시다."

헌종은 일이 이상하게 확대되는 듯하자 이마에 손을 얹고는 이렇게 말했다.

"아, 하루만 더 생각해 보도록 합시다."

다음날은 9월 15일이었다. 그날도 헌종은 김대건의 처리를 놓고 어전회의를 열었다. 권돈인은 김 신부의 신원이 모두 밝혀진 것으로 보고 국법을 어기고 조국을 배반한 반역자로 김대건을 사형에 처할 것을 헌종에게 간청했다. 함께 있던 우의정, 전 예조판서, 전 병조판서, 좌참찬 김홍근, 수원유수 이약우, 지돈녕(왕족 재판관) 이헌구 등도 영의정의 말에 동조했다. 이에 헌종은 다른 방법이 없음을 깨닫고 "김대건의 군문효수형을 즉각 시행할 것"을 명했다. 아래의 글은 당시 《헌종실록》의 일부다.

임금이 희정당熙政堂에 나아가 대신들과 그간 김대건을 심문한 포도대장을 인견했다. 영의정 권돈인은 임금에게 사학을 퍼뜨린 죄인 김대건을 효수하라고 주청했다. 임금은 그렇게 하라고 명했다. 김대건은 용인 사람으로서 나이 15세에 국경 밖으로 몰래 달아나 광둥에 들어가 양교洋教를 배우고 계묘년에 현석문玄錫文 등과 결탁하여 몰래 들어와 도하都下에서 교주가 되었다. 이해 봄에 해서海西에 가서 고기잡이하는 당선唐船을 만나 광둥에 있는 양한洋漢에게 글을 부치려 하다가 그 지방 관리에게 잡혔는데 처음에는 중국인이라고 했지만 마침내 그 본말을 진실대로 고했다. 포도청에서 한 달에 걸쳐 심문했는데 그 말하는 것이 교묘했다. 양박洋舶이 강한 것을 믿고 협박하여 말하기를 "이제 이 나라에서는 천주교를 금할 수 없을 것이다"라고 했고 "해외 모든 나라와 말이 통하므로 천주교 신부로서 각국을 위해 일할 각오가 되어 있다"라고 했다. 이에 임금은 여러 대신 주청대로 효수를 명했다.

김대건 신부와 함께 잡힌 뱃사람 임성룡과 엄수까지 손발이 쇠사슬로 결박되고 목에는 칼이 씌워졌다. 이 쇠사슬에 다시 긴 줄을 매어 포졸 세 명이 그 끝을 잡고 대소변을 볼 때마다 끌고 다녔으니 그 고통이 어떠했을까.

죽음을 예견하고 쓴 고별사

김대건 신부는 죽음의 순간이 지척에 다가온 것을 알고 주교와 교우들에게 편지를 썼다. 먼저 주교에게 쓴 편지의 마지막 부분을 소개한다.

저는 감히 주교 각하께 저의 어머니를 부탁합니다. 어머니는 10년 동안 못 본 아들과 불과 몇 달 동안 만나 보았을 뿐 홀연 또다시 잃게 되었습니다. 각하께 간구하오니 고통에 잠긴 저의 어머니를 잘 위로하여 주시기 바랍니다.

이제 저는 마음으로 각하의 발아래 엎드려 우리 사랑하는 부친이요, 공경하는 주교께 마지막 하직인사를 드립니다. 그리고 베롤 주교님과 다블뤼 신부님께도 공손히 하직을 고합니다. 천당에서 나 만나 뵙겠습니다.

예수를 위하여 옥에 갇힌 탁덕 김 안드레아

이 편지를 쓴 사흘 후인 1846년 8월 29일, 김대건 신부는 순교의 날이 며칠 앞으로 다가왔음을 느끼고는 일반 교우에게 남기는 긴 편지를 쓴다. 옥 안은 열기가 꽉 들어차 땀이 이마와 가슴팍에서 줄줄 흘러내렸다. 파리를 쫓으면 모기가 달려들고 모기를 잡으면 파리가 달려들었다.

횡성 풍수원 성당에 보관되어 있는 고별사

　김대건 신부의 일대기가 오늘날까지 상세하게 전해져 내려
오는 것은 본인이 남긴 스무 통가량의 편지와 주변 신부님들의
편지 덕분이다. 김대건 신부가 교우에게 남긴 이 편지는 유일
하게 우리말로 썼다. "교우 일동에게 보내오"라는 말로 시작하
는 이 편지는 장문인데 워낙 명문이라 여기에 전문을 싣는다.
미리내 성지에 가면 이 편지의 전문이 비문으로 만들어져 있는
데 글자가 많이 마모되었고 고어로 쓴 것이라 현대문으로 고쳐
보았다.

　사랑하는 교우들이여, 천주는 처음에 천지만물을 창조하시고 우
리 인간을 당신의 모습대로 만드셨습니다. 그 목적, 그 의도가 어
디에 있었는가를 조용히 생각하여 보시오. 모든 세상일을 생각하

여 보면 실로 허무한 것뿐이고 슬픈 것뿐이외다. 만약 우리가 이러한 거칠고 허무한 세상에 있어서 자기의 조물주이시며 다시없는 천주를 깨달아 알지 못한다면 어찌 난 보람이 있고 살아 있는 가치가 있으리오. 우리는 오직 천주의 은혜로 이 세상에 나고 다시 큰 은혜로 영세를 받고 성교회의 한 사람이 되어 귀한 이름을 받드는 것이오나 그에 어울릴 만한 열매를 맺지 못한다면 이름만으로 무슨 쓸 데가 있으리오. 입교한 보람이 없을 뿐만 아니라 도리어 배교자가 되는 것입니다. 그 받은 은총이 풍부하면 할수록 천주께 무서운 망은忘恩을 하는 것입니다.

농부가 하는 일을 보십시오. 밭을 갈고 비료를 주고 추위와 더위와 고단함을 무릅쓰고 좋은 씨를 뿌려 힘써 손질을 게을리하지 않고 추수 때가 되어 거두어들임이 많으면 이제까지의 피땀과 괴로움도 다 잊어버려 마음에 즐거움이 찰 것이외다. 이와 반대로 농사가 잘되지 않아 추수 때에 싹도 트지 않은 빈 땅이 되거나 열매도 맺지 않은 쭉정이가 많으면 모처럼 흘린 땀과 비료와 고생도 헛되게 된 것을 슬퍼하며 이 땅을 내버리지 않습니까.

이제 천주의 밭은 이 세상이고 인류는 좋은 씨외다. 천주께서는 이것에 성총盛寵의 비료를 베푸시고 우리를 위하여 황송하옵게도 인간이 되어 돌아가신 아드님의 귀한 피에 우리를 적셔 기르시고 성경으로 우리를 가르치시고 주교와 신부로 우리를 격려하고 성신으로 끊임없이 우리를 인도하여 주십니다. 이 인도하시는 섭리야

말로 참으로 큰 것이 아니겠습니까. 그러나 추수하는 때인 심판 날이 되어 만약 다행히 성총의 은혜로 좋은 열매를 맺으면 천국의 즐거움을 누릴 것이오나 불행히도 아무 열매도 맺지 못하면 천주의 아들로부터 굴러떨어져 원수가 되어 지옥에서 영원한 형벌을 받게 됩니다.

벌써 몇 시간째 무릎을 꿇은 자세로 글씨를 쓰다 보니 무릎이 시큰시큰 아파 왔다. 등도 아프고 허리도 아파 왔다. 붓을 쥔 손이 아파서 붓을 놓고 주먹을 쥐었다 폈다를 한참 했다. 땀을 뻘뻘 흘리며 먹을 한참 갈고는 다시 붓을 쥐었다.

가장 사랑하는 형제들이여. 잘 생각하여 주십시오. 우리의 주 예수 그리스도께서는 이 세상에 내려오사 스스로 헤아릴 수 없는 고난을 참아 받으셨습니다. 성교회는 그 고난으로 세워졌습니다. 그 성교회도 십자가와 많은 고난 속에서 발전해야만 합니다. 주의 승천 이후 사도의 시대로부터 오늘에 이르기까지 성교회는 항상 박해 속에서 발육했습니다. 세속이 이를 어떻게 공격하고 없애 버리려고 야단을 치더라도 결코 이에 굴복할 수는 없습니다.

우리 조선에 복음이 퍼지게 된 이래 50~60년 동안 거듭된 폭풍우에 쓸리고 시달려도 교우들은 여전히 존속합니다. 나도 박해가 일어나 많은 교우와 함께 잡혀 왔습니다. 당신들의 몸에도 어느

때 어떠한 위협이 닥쳐올지 모릅니다. 나도 당신들과 똑같은 사지 육신으로 있거늘 어째서 최후를 아프게 생각하지 않고 그 괴로운 상태를 슬퍼하지 않을 수 있으리오.

그러나 성서에 의하면 천주는 성령으로 우리의 머리털까지도 일일이 헤아리시어 그 한 가닥이라도 허락하심 없이는 빠져 떨어져 버리는 일이 없게 하십니다. 그리하므로 천주의 뜻에 따라 우리의 머리 위에 계신 예수 그리스도의 편이 되어 세속, 마귀와 항상 싸워 나갑시다. 이렇게 시끄럽고 어지러운 세상이오니 용감한 군사와도 같이 씩씩하게 무장하고 전장에 뛰어나가 분투하여 승리를 거둡시다. 특히, 서로 사랑함을 잊지 말고 서로 돕고 베풀어 천주께서 당신들에게 자비를 내리시고 당신들의 기원을 들어주실 때를 기다립시다.

여기까지 쓰고 심신이 파김치가 된 김대건 신부는 감옥바닥에 큰대자로 드러누웠다. 십리 길을 뛰어온 사람처럼 호흡까지 가빴다. 한참 혼수상태에 빠진 사람처럼 넋을 잃었다가 마음을 다잡고 몸을 일으켰다. 마음을 다시 가다듬고자 먹을 한참 갈았다. 다시 무릎을 꿇었다. 숨을 쌕쌕 내쉬며 붓을 들었다.

이곳에 방방이 칼을 쓰고 갇혀 있지만 우리 스무 명은 천주의 은혜로 모두 건강합니다. 만약 사형을 받는 일이 있거든 그 가족들을

김대건 신부 초상

잊지 말아 주십시오. 할 말은 많지만 도저히 다 적을 수 없으므로 여기서 붓을 놓습니다. 우리는 며칠 내로 전장에 나가 설 것이오니 부디 오로지 덕을 쌓아 천국에서 다시 만나기를 기다립시다. 천주의 영광을 위하여 박해를 힘차게 참아서 살아 있는 사람들의 구령救靈을 위하여 일하도록 힘쓰시오.

박해는 천주께서 주시는 시련입니다. 세속과 마귀를 물리쳐 이기면 덕과 공적을 쌓을 수 있습니다. 재앙에 겁내지 말고 용기를 잃지 맙시다. 천주를 섬기는 데서 물러나지 말고 오로지 성인들의 자취를 밟아서 성교회의 영광을 늘리고 주의 충실한 병사이며 참된 시민임을 증명하여 주십시오.

이 대목에 이르자 돌아가신 아버지와 작은할아버지의 얼굴이 떠올랐다. 거지가 되어 연명하던 어머니도 떠올랐다. 두 눈에서 뜨거운 눈물이 주르르 흘러내렸다.

교우들이여, 수가 많건 적건 마음은 하나로 모아 주십시오. 사랑을 잊지 마십시오. 서로 참고 도와서 천주가 당신들을 불쌍히 여기실 때를 기다리십시오. 쓰고 싶은 것은 많지만 장소가 장소이니만큼 생각대로 되지 않는구려. 사랑하는 교우들이여, 나도 천국에서 그대들을 만나 영원한 복을 즐길 것을 바라오. 그럼 그대들을 정답게 껴안아 주겠소.

김대건 조각상(이춘만,
1941년 작, 명동 성당 소장)

여기까지 쓰고는 탈진하여 쓰러져 버렸다. 한동안 멍하니
누워 있다가 미처 못 다 쓴 말들이 생각났다. 다시 먹을 갈았
다. 이마에 땀방울이 맺혔다.

다시 한마디 하고자 하오. 이 세상의 일은 모두 천주의 명령에 말
미암은 것이오니 어떻게 보면 상이냐 벌이냐 하는 것뿐이오. 박해
라는 것도 천주의 크게 쓰심이 미친 것이라 할 수 있습니다. 마땅
히 천주를 위하여 힘을 내 참아 주시오. 오직 성교회에 평화를 주

십사 하고 눈물로써 탄원하십시오.

나의 죽음은 당신들에게 확실히 뼈아픈 일일 것이오. 당신들의
영혼은 슬픔에 잠기겠지요. 그러나 얼마 안 가서 주께서는 나보다
도 훨씬 훌륭한 목자를 주실 것이 틀림없으니 그리 슬퍼 마시고 큰
사랑을 가지고 천주 섬기기를 힘쓰십시오. 사랑으로써 한몸, 한마
음이 됩시다. 그렇게 하면 죽은 후 주 앞에서 서로 만나 영원히 끝없
는 복락을 누릴 것이오. 나는 천 번이고 만 번이고 이를 바랍니다.

이 편지의 원본은 없어졌으나 등사본이 발견되었다.

칼질 여덟 번의 끔찍한 효수형

어전회의에서 군문효수의 벌이 내려진 1846년 9월 15일 바로
다음 날 김대건 신부는 한강 백사장 새남터(노량진 근처)로 끌
려갔다.

감옥에서 끌려 나온 김대건 신부의 모습은 비참하기 이를 데
없었다. 두 손을 뒤로 돌려 묶인 상태로 새끼로 만든 가마 위에
올라앉았다. 군졸들이 그 가마를 둘러메고 가자 군중 사이에
길이 자연히 생겨났다. 이때 군졸 10여 명이 어깨에 총을 메고

사형장에 나타났다. 한 군졸이 포도대장의 도착을 알리는 나팔을 불었다. 모래 위에 꽂힌 깃대에 깃발이 펄럭이고 주위에 병정들이 줄을 지어 섰다. 사형장에 끌려온 김 신부를 깃대 밑에 앉히고 포도대장이 사형 선고문을 읽었다.

죄인 김대건은 국경을 몰래 넘어 마카오에 가서 외국인과 상통한 지 10년 만에 귀국, 서학의 괴수로서 우매한 백성을 현혹하고 서양인과 상통하는 편지를 중국 어선의 선장에게 전한 것 등의 혐의로 판결을 받아 군문효수하노라.

선고문 낭독이 끝나자마자 김 신부는 명랑한 음성으로 자신이 왜 사형을 당하는지 연설하기 시작했다.

"내 생명의 최후시각이 당도했습니다. 나의 말을 들어 주시기 바랍니다."

모여든 군중은 무슨 말을 하려고 저러나 하고 숨죽인 채 김 신부를 지켜보았다.

"내가 외국인과 교제한 것은 다만 우리 종교와 천주를 위하여 그리했을 뿐입니다. 나는 천주를 위하여 죽으니 영원한 생명이 시작될 것입니다. 여러분도 사후에 영원한 복락을 얻으려면 천주교 신자가 되십시오."

마지막 설교였다.

말을 마치자 군졸들은 신부의 옷을 벗기고 당시의 관습에 따라 두 귀에 화살을 꽂았다. 피가 목을 타고 줄줄 흘러내렸다. 그다음 군졸 하나가 얼굴에 물을 뿜고 회칠을 했다. 두 명의 군졸이 신부의 양쪽 겨드랑이 밑에 두 개의 몽둥이를 끼워 넣어 앞뒤에서 걸머멨다. 군졸들이 둥글게 선 바깥쪽을 세 차례나 빨리 돌린 후 신부를 꿇어앉혔다. 한 가닥 밧줄로 신부의 머리카락을 동여매어 그 한끝을 사형대로 쓸 말뚝에 뚫린 구멍에 끼워 잡아당기니 신부의 얼굴은 자연히 하늘을 쳐다보게 되었다.

이날 현장을 목격한 사람들의 증언이다. 이런 끔찍한 고문 과정에도 김대건 신부는 신음소리 한 번 내지 않았고 인상 한 번 찌푸리지 않았다고 한다.

"이렇게 하면 칼로 치기가 좋으냐?"

"좀더 똑바로 하여라."

"아, 그만하면 됐다."

"이제 나도 준비가 다 되었으니 어서 쳐라!"

"빨리 목을 잘라라."

당시의 군졸과 망나니들은 이런 말을 들을 수 있었다고 한다.

12명의 망나니가 시퍼렇게 날이 선 칼을 휘두르며 목을 베는 시늉을 하며 김 신부를 에워싸고 돌기 시작했다. 몇 바퀴 돌더

새남터에 세워진 성당

니 각자 한 칼씩 내려치기 시작했다. 목은 쉽게 끊어지지 않았다. 한 번, 두 번, 세 번 …. 여덟 번 만에 머리가 완전히 끊어져 흰 모래 위에 나뒹굴었다. 피는 이미 거의 다 쏟아져 목에서는 피가 그다지 나지 않았다.

형리는 그 목을 주워들었다. 목판에 머리를 얹어 포도대장 앞으로 가져가 검사를 받았다. 포도대장은 고개를 크게 끄덕이며 "죄인은 숨이 완전히 끊어졌다, 다들 수고 많았다"라고 사형집행인들을 격려했다. 곧바로 궁중으로 들어간 포도대장은 사형이 무사히 집행되었음을 임금에게 보고했다.

이렇게 해서 김대건 신부는 1846년 9월 16일, 꽃다운 나이

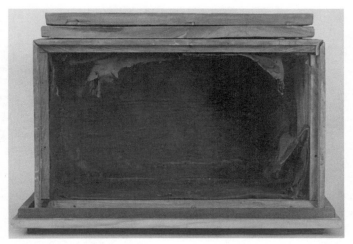

김대건 신부의 유해를 담았던 관

스물여섯에 하늘나라로 갔다. 김 신부가 죽었다는 소식을 들은 이 땅의 천주교 교인들은 일제히 통곡했다. 고 우르술라의 애끊는 통곡을 듣고 하늘나라의 성모 마리아도 깊은 슬픔에 잠겼을 것이다.

조정에서 선고한 대로라면 장대에 목을 매달아 사람이 많이 왕래하는 저잣거리에다 두어 구경시켜야 하지만 임금은 그것만은 그만두라고 했다. 그것이 나라가 김 신부에게 베푼 마지막 호의였다.

김 신부의 시신은 포도대장의 명령에 따라 떨어진 머리를 몸

김대건 신부의 두개골을 측정하는 모습(왼쪽)과 복원한 김대건 신부의 두개골(오른쪽)

체에 다시 붙여 매고 자줏빛 조끼와 무명바지를 입혔다. 멍석
리로 싸서 그 뒤를 굵은 새끼줄로 동여매고 사형집행 현장에
구덩이를 파고 묻었다. 그리고는 교우들이 파 가지 못하도록
군사들이 지키게 했다.

그러나 순교한 지 40일 후, 즉 1846년 10월 26일에 교인 이
민식(빈첸시오)이 경비가 허술한 틈을 타 김 신부의 시신을 파
냈고, 서울에서 150리나 떨어져 있는 경기도 안성 미리내 산중
에 안장했다.

당시 그의 두개골을 따로 빼내어 납으로 방부처리 후 보존했
고 이를 바탕으로 그의 얼굴 흉상과 초상화 등을 복원했다. 한
국 천주교에서는 이 두개골의 측정치를 이용하여 세 번에 걸쳐
생전 모습을 복원했는데 흔히 알려진 초상화와 마찬가지로 갸
름한 서양형 얼굴이었다고 한다.

가톨릭대 성신교정 성당에 모셔진 두개골 함

　김대건은 새남터에서 처형되고 나서 가매장되었다. 이민식이 김대건의 시신을 미리내로 옮기고서도 한참 뒤인 1960년 7월 5일, 김대건의 시신은 혜화동 가톨릭대 안의 교회에 이장되었다. 이때 아래턱뼈는 미리내 경당으로, 치아는 절두산 순교기념관으로 분리하여 안치되었다.

　1853년 2월 3일에 사망한 페레올 주교의 시신도 "거룩한 순교자의 곁에 있고 싶다"는 유언에 따라 이곳에 안장되었고, 그무렵 사망한 김대건 신부의 어머니 고 우르술라의 시신도 인근

안성 미리내 성지에 있는 김대건 신부의 무덤(왼쪽)과 페레올 주교의 무덤(오른쪽)

에 안장되었다. 1907년에는 강도영姜道永 신부가 석조성당을 건립했고 1921년에 사망한 이민식도 김대건 신부의 경당 앞에 있던 공동묘지에 안장되었다. 그 후 1965년에 미리내의 이 공동묘지가 광장으로 조성되면서 고 우르술라와 이민식의 묘가 현재의 자리에 이장되었고 그해부터 매년 9월 26일경에 이 광장에서 순교자 현양대회가 개최된다. 1970년대, 미리내는 순례사적지로 가꾸어지기 시작했다.

미리내 성지에 있는 '103위 성당'

까다로운 심사를 통과한 영원한 복자

그 무렵 조선에 있던 페레올 주교는 다음과 같은 편지를 파리 외방전교회의 신학교 교장 바랑M. Barran 신부에게 보냈다.

이 젊은 조선인 신부를 잃은 것이 제게 얼마나 큰 충격과 슬픔을 안겨 주었는지 설명할 길이 없습니다. 저는 아비가 자식을 사랑하듯 그를 사랑했습니다. 그가 천국에서 행복하게 지낼 거라는 생각만이 저에게 위로를 줍니다. 그는 조선인 가운데 제일 먼저 사제 성직에 오른 분으로 아직 이곳에는 다른 조선인 신부가 없습니다. 그는 열렬한 신앙과 사람을 대할 때의 진지하고 성실한 공경심, 그리고 놀라운 웅변술을 가진 사람이었습니다. 한 번만이라도 그를 접한 교우는 존경하고 사랑하지 않을 수 없도록 만드는 매력적인 인물이었습니다. 성직을 실행하는 데에도 우리 신부들이 바랐던 것 이상으로 훌륭히 성취했습니다. 만일 그가 죽지 않고 몇 해만 더 성직을 계속했더라면 훌륭한 일을 많이 했을 것입니다. 그에게는 어떤 일도 안심하고 맡길 수 있었습니다. 그의 성격, 태도, 학식 등 모든 것이 훌륭한 성직자로서 모자람이 없었습니다. 조선의 교회가 그를 잃은 것은 큰 타격이며 제 개인적으로는 실로 큰 슬픔이자 크나큰 불행입니다.

배론 성지의 최양업 동상

　김 신부와 함께 공부한 최양업은 1849년, 조선인으로는 두
번째로 신부가 되었다. 그는 메스트르 신부와 함께 조선에 들
어와 전교활동을 하려고 몇 번이나 시도했지만 여의치 않았다.
최양업 부제는 조선으로 입국하지 못하고 홍콩으로 이동했다.
1847년 프랑스 함대를 따라 조선으로 향했지만 배가 좌초되어
전라도 고군산군도(선유도)에 상륙했다가 상하이로 다시 돌아
갔다. 1849년 상하이에서 마레스카 주교의 집전으로 신품神品

을 받고 조선 천주교 사상 두 번째의 신부가 되었다.

최양업 신부도 귀국하기가 무척 어려웠다. 조선으로 귀국하기 위해 백령도까지 갔으나 약속된 배가 오지 않아 다시 중국으로 돌아갔다. 이후 요동에서 중국인을 대상으로 사목활동을 전개하다 13년 만에 홀로 조선으로 귀국했다. 최양업 신부는 전국에 흩어진 교우촌 신자를 위해 순방했는데 1850년부터 1861년까지 프랑스 선교사가 접근하기 어려운 지역을 맡아 사목활동을 전개했다.

경신박해(1860)가 일어나자 울산(울주군 상북면 이천리)에서 숨어 지내다 베르뇌 주교에게 사목활동 보고를 위해 서울로 가던 중 문경에 있는 교우촌에서 과로로 사망했다. 1861년, 최양업 신부의 나이 고작 마흔 살 때였다.

최양업 신부는 21통의 라틴어 서한(그중 1통은 유실)을 남겼다. 그는 라틴어를 정확하게 말하고 쓸 수 있을 뿐 아니라 미사 여구까지 구사할 정도였다. 또한 그는 라틴어 작문 2통을 남겼다. 최 신부의 서한은 최 신부 자신에 관해서는 물론이거니와 한국교회사 연구에 필요불가결한 기본자료다. 또한 한국 근세사 연구에도 적지 않은 도움이 되었다.

최 신부의 서한은 파리 외방전교회 선교사 르그레주아 신부에게 보낸 것이 14통, 리부아 신부에게 보낸 것이 4통, 베롤

조선에서 많이 활동한 프랑스 외방전교회 신부들

주교에게 보낸 것이 2통(최근에 발견됨), 바우링 주중 영국공
사 겸 홍콩 통독에게 보낸 것이 1통이다. 기존의 19통은 파리
외방전교회가 1997년 6월에 한국천주교회에 기증하여 현재 서
울대교구 절두산 순교성지 한국천주교 순교자박물관에 있다.
새로 발견된 2통은 파리 외방전교회 고문서고에 보관되어 있
고 우리나라에 온 것은 사본이다.

　메스트르 신부는 1853년에 청나라 배를 타고 조선에 들어와
페레올 주교와 다블뤼 신부를 만나 전교활동을 하다가 1857년
에 병환으로 세상을 떠나 충청도 당진에 묻혔다.

라파엘호를 타고 죽을 고비를 몇 차례나 함께 넘겼던 페레올 주교와 다블뤼 신부는 김대건 신부와 함께 황산포에 내린 것을 앞에서 기술한 바 있다. 페레올 주교는 우리말을 익히며 열심히 전도활동을 하다 1853년에 한성에서 병환으로 숨을 거두어 역시 이 땅에 묻혔다. 1866년(고종 3년)에 대원군은 천주교에 대대적인 탄압을 벌여 조선에 와 있던 프랑스 신부 12명 중 9명을 붙잡아 죽였다. 다블뤼 신부는 그때 그만 순교했다.

죽은 뒤에 영광도 영광이리라. 로마 교황청은 1857년 9월 23일 김대건 신부를 가경자[31]로 선포했다. 1925년 7월 5일은 김대건 신부가 조선 순교자 78위와 함께 조선 대성전에서 세계 각 나라 교인들이 모여든 가운데 교황 비오 11세 의해 복자로 선언된 날(시복일)이다. 복자란 천주교회가 공식적으로 받들어 모시는 성자를 말함이니 이날은 한국 천주교 역사상 길이 빛나는 날이다.

복자를 선정하는 심사기준은 엄격하고 분명해서 그가 살았을 때 털끝만큼이라도 비난받을 일을 하면 안 된다. 지방주교가 자료조사를 해서 교황청에 보고해도 10년이 지나야 교황이

---

31 가경자(可敬者, Venerable) : 기독교에서 일찍부터 사용된 '존엄한 자', '존경스러운 분'이라는 의미의 호칭. 로마 가톨릭교회에서는 시복(諡福) 절차를 거치는 과정의 시복 후보자에게 잠정적으로 이 호칭을 부여한다.

성인에 오른 순교자 103위 초상

절차를 진행하고, 복자 선언대상에 오르더라도 죽은 지 50년
이 지나야 심사가 시작되니 복자가 된다는 것은 결코 쉬운 일
이 아니다. 까다로운 14개 조항의 심사기준을 통과하여 79명
이 복자가 되었으니 이들이야말로 하늘을 우러러 한 점 부끄러
움이 없는 사람이 아닐까. 그리하여 우리나라 천주교회에서는
시복식을 한 7월 5일을 김대건 신부의 축일로 정해 매년 그분
의 성덕을 기리고 있다.

로마 교황청에서는 1949년 11월 15일에 김대건 신부를 한국
성직자의 대주보로 결정했다.

1984년 5월 6일, 한국을 찾아온 교황 요한 바오로 2세는 여

라틴어로 쓴 김대건 신부의 친필 서한

의도 광장에 운집한 수많은 교인 앞에서 김대건 신부를 마침내 복자에서 더 높여 성인으로 시성했다. 스물여섯 젊은 나이로 죽은 한국 최초의 신부 김대건은 이렇게 한국 천주교를 세계만방에 빛낸 위대한 성직자로 추앙받게 되었다.

죽음의 칼날 아래에서도 믿음을 굳게 지킨 그의 거룩한 순교 정신은 영원히 우리의 가슴에 남을 것이다. 김대건 신부는 현재 한국 천주교회 성직자의 수호성인으로 모셔진다.

김대건 안드레아 연보

1821년

8월 21일 충청도 솔뫼(당진시 우강면 송산리)에서 김제준(이냐시오)과
고 우르술라의 장남으로 출생.

1836년

4월 경기도 용인의 은이 공소에서 모방 신부에게 세례를 받고 신
학생 후보로 추천됨.

12월 3일 최양업(토마), 최방제(프란치스코)와 함께 정하상, 조신철
등의 인도를 받아 중국 변문으로 출발.

12월 28일 조선으로 입국하기 위해 랴오둥에 머무르고 있던 샤스탕 신
부 댁에 도착.

1837년

6월 7일 중국 대륙을 도보로 남하, 마카오에 도착.
파리 외방전교회 극동 대표부의 신부들에게 수업을 들음.

8월 마카오의 중국인 민란으로 필리핀의 마닐라로 피신.
1838년 겨울에 귀환.

1841년

11월 마카오에 민란이 다시 일어나 마닐라로 재차 피신.
최양업과 함께 철학과정 이수, 신학과정 입문.

1842년

2월 15일   메스트르 신부와 함께 프랑스 함대 세실 제독의 에리곤호에
           승선, 마카오를 출발.

10월 26일 랴오둥의 바이자뎬에 도착.
           최양업, 메스트르 신부와 함께 사오바츠자로 감.

12월 27일 조선 천주교회의 밀사 김 프란치스코 상봉.

12월 29일 변문을 출발, 의주를 통해 조선에 일시 귀국(1차 귀국).

12월 31일 압록강을 건너 변문으로 감.

1843년

3월   변문에서 조선 교우와 만난 뒤 바이자뎬으로 귀환.

4월   사오바츠자로 거처를 옮겨 최양업과 다시 신학공부.

1844년

2월 4일   페레올 주교의 부탁으로 북방 입국로 탐색을 위해 훈춘으로
           출발.

3월 8일   훈춘을 거쳐 조선에 다시 들어옴(2차 귀국).
           경원에서 조선 교우 만남.

1845년

1월 1일   조선 교우와 만나 조선에 들어옴(3차 귀국).

4월 30일   신부를 모셔오기 위해 11명의 조선인 교우와 함께 제물포를
           출발.

6월 4일   상하이에 도착.

8월 17일   상하이 긴가함 성당에서 사제 서품.

8월 24일   상하이에서 30리 거리에 있는 완담에서 첫 미사 집전.

8월 31일   페레올 주교, 다블뤼 신부와 함께 라파엘호를 타고 상하이
           출발.

9월 28일   뜻밖에 제주도에 표류.

10월 12일   다시 출발, 충청 강경 부근의 황산포에 도착.
11월   포교활동에 전념.

1846년
4월 8일   마지막 미사 집전.
5월 14일   프랑스 신부의 귀국 바닷길 개척을 위해 마포를 출발.
5월 28일   백령도에 도착.
6월 5일   배를 안 빌려준다고 체포됨.
6월 9일   해주 감영으로 압송.
6월 21일   한성 포도청으로 이송.
8월 29일   조선의 교우들에게 보내는 고별사 작성.
9월 15일   허가 없이 국경을 넘나들고 천주교를 전도한 죄로 효수형 선
            고를 받음.
9월 16일   새남터에서 군문효수로 처형됨.
10월 26일   이민식에 의해 미리내에 안장됨.

1857년
9월 23일   로마 교황청에서 가경자로 선포.

1925년
7월 5일   교황 비오 11세가 복자로 선포.

1984년
5월 6일   교황 요한 바오로 2세가 한국에 와서 성인으로 시성.

2015년   사제서품 170주년을 맞아 각종 행사 거행.

2016년   순교 170주년을 맞아 각종 행사 거행.

마지막 선비 최익현

이승하(중앙대) 지음

내 목을 자를지언정 상투를 자를 수는 없다!
일제 침략에 끝까지 맞서 싸운 조선의 마지막 선비 면암 최익현의 삶

오늘날 위정척사파의 대표로 여겨지는 면암 최익현.
구한말의 위기 속에서 그는 조선 5백 년의 근간이었던 우리의 사상과
질서, 왕조를 지키고자 한결같이 투쟁했다. 그리고 의병 봉기 후 끌려간
대마도에서 일본 땅에서 난 음식은 먹지 않겠다며 단식 투쟁 끝에
숨을 거두었다. 저자 이승하는 최익현의 인간적인 면모를 중점적으로
다루면서 무엇이 그를 위정척사파와 의병장 활동으로 이끌었는지
묘사한다. 일제의 총칼 앞에서도 의심이나 회의 없이 고지식하게
'우국충절' 정신을 지킨 최익현. 작은 이익에 따라 이합집산을 반복하는
오늘날의 지도층에 그와 같은 인물은 없는가? 46판│306면│9,800원

나남 nanam   Tel : 031) 955-4601
www.nanam.net